200 recettes au barbecu

200 recettes au barbecue

Louise Pickford

MARABOUT

Publié pour la première fois en Grande-Bretagne
en 2009, sous le titre *200 Barbecue Recipes*.

Crédits photos © Octopus Publishing Group Ltd/
Ian Wallace, sauf les photos suivantes : Graham Kirk
p. 35 ; Gus Filgate p. 51, 127, 141 ; Ian Wallace
p. 109, 119, 147, 213 ; Lis Parsons p. 207, 223 ;
Peter Myers p. 95, 101, 131, 217 ; Sean Myers
p. 103, 165, 169, 173, 177, 181, 183, 185, 211,
221, 233 ; Stephen Conroy p. 81, 85 ;
William Lingwood p. 69, 205, 227, 231 ;
William Reavell p. 23.

Traduit de l'anglais par Constance de Mascureau.
Mise en pages : les PAOistes.
Correction : Véronique Dussidour.

Pour Marabout, le principe est d'utiliser des papiers
composés de fibres naturelles, renouvelables,
recyclables et fabriquées à partir de bois issu de forêts
qui adoptent un système d'aménagement durable.
En outre, Marabout attend de ses fournisseurs
de papier qu'ils s'inscrivent dans une démarche
de certification environnementale reconnue.

ISBN : 978-2-501-10324-4
Dépôt légal : avril 2015
18.4452.4/01
Imprimé en France par Pollina - L71366.

sommaire

introduction

Synonyme d'été, de soirées lumineuses et chaudes et d'appétissants fumets de viande grillée, le barbecue, c'est le plaisir de cuisiner et de manger en plein air. Cette méthode de cuisson très ancienne née du simple besoin de se nourrir est désormais un événement convivial et joyeux.

L'étymologie du mot « barbecue » n'est pas très claire et donne lieu à plusieurs interprétations. Une légende raconte qu'il s'agirait d'une contraction de l'expression ancienne « barbe-à-queue », qualifiant la cuisson à la broche d'un animal entier, de la barbe à la queue !

Il est cependant plus ou moins reconnu que le mot est issu de l'espagnol *barbacoa*, qui désigne un dispositif en bois utilisé pour fumer de la viande ou du poisson, mais aussi une structure en bois pour dormir.

Ce terme serait lui-même dérivé du mot arawak *barbacoa*, qui désignait la claie en bois suspendue au-dessus d'un brasier utilisée par les Taïnos, peuple des Caraïbes, pour cuire lentement des viandes. Lors de la colonisation de l'Amérique, les explorateurs espagnols découvrirent cette technique et la rapportèrent en Europe avec eux.

Quoi qu'il en soit, c'est au XVIIIe siècle que le mot « barbecue » prit le sens d'un rassemblement en plein air autour d'une grillade de viande.

C'est devenu un aspect incontournable de la culture américaine. Tous les prétextes sont bons pour organiser un barbecue en famille ou entre amis. Il est vrai qu'en plein air, tout semble meilleur et les repas sont généralement moins formels. Apprécié aussi bien pour la succulente saveur qu'il confère aux aliments que pour sa convivialité, le barbecue est un véritable moment de détente et de réjouissance !

types de barbecues

Les deux principaux types de barbecues sont celui au charbon de bois (ou au bois) et celui à gaz. Ils ont chacun leurs avantages et leurs inconvénients, mais leur point commun est de cuire les aliments sur une grille au-dessus d'une source de chaleur. Le barbecue est utilisé pour cuire à feu vif pendant une courte durée, mais il convient aussi très bien pour braiser des viandes ; on ajoute alors souvent des copeaux de bois, qui apportent une savoureuse saveur fumée. Plusieurs recettes de ce livre nécessitent un barbecue avec un couvercle – la méthode de cuisson devient ainsi similaire à celle d'un four traditionnel –, mais la majorité peut être préparée au barbecue au charbon de bois ou à gaz. Quel barbecue choisir ? Pour la saveur, choisissez-en un au charbon de bois (on peut aussi utiliser du bois), mais pour ce qui est de la commodité, le barbecue à gaz gagne haut la main, surtout si vous cuisinez seulement pour 2 personnes.

barbecues au charbon de bois

Conçus pour brûler du charbon ou du bois, ils imprègnent les aliments cuits d'une délicieuse saveur fumée caractéristique – l'extérieur des aliments est grillé, tandis que l'intérieur reste tendre et juteux. Cependant, les barbecues au charbon sont salissants, mettent plus de temps à préchauffer et doivent être surveillés en permanence.

Il en existe de différentes formes :

• Les petits barbecues portatifs sont parfaits pour les pique-niques. Ils disposent généralement de clapets d'aération permettant d'augmenter ou de diminuer la chaleur, ou bien d'une grille à hauteur réglable.

• Le barbecue « table » est, tout simplement, une boîte montée sur des pieds – le charbon repose sur une grille foyère dans la boîte et est situé sous une grille de cuisson. Celle-ci peut être levée ou baissée en fonction du niveau de chaleur requis. Ce genre de barbecues est généralement équipé d'un couvercle.

• Le barbecue rond, très polyvalent. Le charbon repose sur une grille foyère, dans une cuve profonde, à l'abri des courants d'air. La grille de cuisson est installée par-dessus et un grand couvercle bombé permet de couvrir le barbecue, le transformant ainsi en four. Ce type de barbecues comporte également un système d'aération.

combustibles

Les briquettes de charbon de bois sont le combustible le plus couramment utilisé. On en trouve facilement dans de nombreux supermarchés et magasins de bricolage. Lisez bien l'emballage, car certaines briquettes contiennent des produits chimiques. Il existe des briquettes de charbon de bois dur, qui ne contiennent pas d'additifs, chauffent rapidement, brûlent facilement et durent plus longtemps, mais qui sont plus difficiles à trouver. Si vous utilisez du bois, choisissez exclusivement des essences dures comme l'hickory, le mesquite ou le chêne. Le bois de pommier et d'olivier convient également. Les copeaux de ces essences rehaussent la saveur fumée de la cuisson au barbecue.

allumage du charbon de bois

Disposez une couche de charbon de bois de 10 cm d'épaisseur au milieu de la grille foyère et ajoutez quelques allume-feu. Allumez ces derniers avec des allumettes et attendez environ 40 à 45 minutes : le charbon doit former des braises et être recouvert d'une fine couche de cendre.

À l'aide d'un tisonnier, d'un petit râteau de jardin ou d'une pince à long manche, répartissez le charbon sur la grille foyère. Pour faire varier la température, déplacez des morceaux de charbon afin d'obtenir une double couche. Cette zone sera la plus chaude, tandis que là où la couche est simple, la chaleur sera plus modérée. Le charbon devrait rester chaud pendant 1 heure, mais vous pouvez en ajouter quelques morceaux de temps en temps si nécessaire. On considère que la température du barbecue est élevée quand vous pouvez tenir votre main à environ 12 cm au-dessus du charbon seulement 2 à 3 secondes, moyennement élevée quand vous pouvez laisser votre main 3 à 4 secondes, et basse 5 à 6 secondes. Pour faire varier la chaleur du barbecue, vous pouvez aussi soulever ou baisser la grille.

allumage du bois

Placez des brindilles sèches sur la grille foyère, avec quelques allume-feu. Ajoutez un gros tas de morceaux de bois, allumez les allume-feu et laissez le bois brûler jusqu'à ce qu'il forme des braises, qu'il soit recouvert de cendre et qu'il n'y ait plus de flammes.

barbecues à gaz

Un barbecue à gaz est très pratique car il s'allume en quelques secondes, la température se règle par la simple rotation d'un bouton et il est facile à nettoyer. Et à la fin, vous n'avez pas de charbon chaud à jeter. La plupart sont équipés d'une plancha et d'une grille, pour pouvoir cuire tout type de viande ou de poisson. Que ce soit pour préparer un repas pour 2 personnes ou pour un grand groupe, la cuisson est simple et rapide.

Le barbecue à gaz le moins cher est une « table » avec des pieds, équipée de brûleurs à gaz (à la place du charbon de bois) et parfois vendue avec un couvercle.

Légèrement plus grand et plus onéreux, le barbecue à gaz sur roulettes comprend un couvercle bombé et dispose souvent d'une étagère sur le côté pour poser les assiettes. Il est généralement équipé d'un thermomètre et parfois d'une rôtissoire. Avec le couvercle, le barbecue peut servir de four traditionnel.

Il existe également une version haut de gamme, véritable cuisine extérieure réservée aux accros du barbecue. Souvent en acier inoxydable, ce type de barbecues est assez imposant et dispose de nombreuses options.

Les bouteilles de gaz s'achètent dans les stations-service et magasins de bricolage.

cuisson au barbecue

La méthode de cuisson sur barbecue la plus courante est la « cuisson directe ». La nourriture est cuite directement au-dessus d'une source de chaleur élevée (entre 200 et 250 °C), ce qui lui confère une délicieuse saveur grillée. Cette méthode peut être pratiquée sur tous les types de barbecues et est généralement employée pour les petits morceaux de viande, de poisson ou de légumes qui cuisent en moins de 10 minutes.

Si vous cuisinez sur un barbecue au charbon de bois, vaporisez d'huile la grille de cuisson (hors du barbecue) une fois que le charbon ou le bois est chaud – il doit être incandescent et recouvert de cendre – et qu'il est réparti comme vous le souhaitez, puis repositionnez-la. Laissez chauffer la grille 5 minutes pour que les aliments soient moins susceptibles de coller, puis disposez-les dessus et faites-les cuire des deux côtés.

Si vous avez un barbecue à gaz, préchauffez-le pendant 15 minutes. Ensuite, réglez le bouton sur la température souhaitée. Badigeonnez ou vaporisez d'huile la grille de cuisson ou la plancha et procédez à la cuisson.

Les gros morceaux de viande ou de poisson, ou les morceaux gras comme les côtes ou le magret de canard, doivent être cuits selon la méthode de « cuisson indirecte ». Cela signifie que la nourriture est cuite plus lentement et à plus basse température, sur une grille placée au-dessus d'une lèchefrite. La graisse est ainsi recueillie dans la lèchefrite et ne coule pas sur les flammes ou le charbon, ce qui produirait trop de fumée. Cette méthode nécessite un barbecue avec couvercle.

Pour cuire les aliments en cuisson indirecte avec du charbon ou du bois, déplacez les morceaux de charbon chauds sur les côtés de la grille foyère, en laissant une zone froide au milieu. Placez alors la lèchefrite et la grille avec la viande au-dessus de la zone froide. Vous aurez également besoin d'un couvercle.

Vous pouvez aussi avoir recours à cette mé-

thode avec un barbecue à gaz, à condition qu'il soit équipé d'au moins 2 brûleurs. Préchauffez le barbecue à température élevée, puis réglez les brûleurs sur position moyenne. Si votre barbecue dispose de 2 brûleurs, éteignez-en un. S'il y en a 3, éteignez celui du milieu. Placez la lèchefrite avec la grille et la viande au-dessus du brûleur éteint, couvrez et faites cuire comme indiqué dans la recette.

Vous pouvez improviser un couvercle pour le barbecue avec le couvercle d'un wok, qui se prête parfaitement à cet emploi.

fumage

Si vous devez faire fumer les aliments, la façon la plus simple est de fabriquer une petite pochette avec un rectangle de papier d'aluminium d'environ 60 cm de long, plié en deux en diagonale. Faites tremper une grosse poignée de copeaux de bois dans de l'eau froide pendant au moins 30 minutes. Égouttez-les et disposez-les sur une moitié du papier d'aluminium. Repliez l'autre côté par-dessus et fermez bien, en pliant les bords. Percez une dizaine de trous dans le papier d'aluminium, avec un couteau. Placez la pochette sur le barbecue chaud, soit directement sur le charbon ou le bois, soit directement sur l'un des brûleurs à gaz sous la grille de cuisson. Au bout de quelques minutes, le bois va commencer à fumer et vous pourrez placer la nourriture sur la grille huilée, puis couvrir avec le couvercle et faire cuire le temps nécessaire.

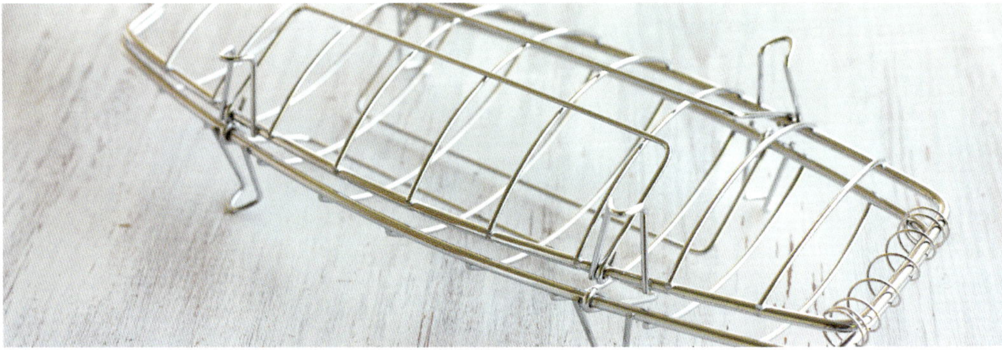

matériel

- Spray pour vaporiser de l'huile sur les aliments ou la grille.
- Pince à long manche.
- Pinceau à pâtisserie pour badigeonner les aliments d'huile.
- Gants de cuisine épais, de bonne qualité.
- Thermomètre à viande (utile pour vérifier que les plus gros morceaux sont cuits).
- Allumettes longues.
- Allume-feu.
- Combustible en quantité suffisante pour un repas.
- Poêle-gril (à la place d'une plancha si votre barbecue fonctionne au charbon de bois).
- Brosse métallique pour nettoyer le barbecue.
- Grille double pour faire cuire du poisson ou des petits aliments.
- Brochettes en bambou ou en métal.
- Lampe de poche ou lumière extérieure pour les barbecues en soirée.

entretien

Après emploi, le barbecue doit être nettoyé. Il est préférable de nettoyer la grille directement après la cuisson, quand elle est encore chaude. Utilisez une brosse métallique pour retirer autant de résidus que possible.

Le barbecue doit toujours être entreposé au sec et recouvert d'une bâche étanche par mauvais temps et pendant l'hiver. Vaporisez la grille ou la plancha d'huile après l'avoir nettoyée pour éviter qu'elle rouille.

sécurité

- Quand vous utilisez un barbecue au charbon de bois (ou au bois), vérifiez toujours qu'il n'y ait pas d'intempéries prévues, comme des vents violents.
- Ayez toujours un extincteur et une couverture antifeu à portée de main en cas de déclenchement d'un feu. Le sable est le meilleur moyen de maîtriser un feu au sol. Si les graisses s'en-

flamment, étouffez les flammes avec du sel.

- Faites cuire les aliments aussi près que possible de la maison ou de l'endroit où le repas sera servi, pour éviter de les porter chauds sur de longues distances.
- Placez le barbecue à un endroit abrité du vent et évitez les zones avec des arbres secs ou de l'herbe longue et sèche.
- Si vous avez un barbecue portatif, installez-le sur une surface plate et dure, un patio par exemple, et évitez de cuisiner sur une terrasse en bois.
- Ne laissez jamais sans surveillance des morceaux de charbon chauds ou de la nourriture en train de cuire.
- Ne portez pas de sandales quand vous faites un barbecue, sinon les brûlures seront douloureuses…
- Laissez refroidir complètement le charbon ou le bois avant de vous en débarrasser, en respectant la réglementation et les règles de sécurité. Cela peut prendre jusqu'à 2 heures.

aliments

- Si vous faites mariner des aliments 1 heure ou moins, vous pouvez le faire dans un endroit frais, hors du réfrigérateur. Si vous les faites mariner pendant la nuit, placez toujours la marinade au réfrigérateur et sortez-la à température ambiante environ 1 heure avant la cuisson.
- Si vous faites griller des légumes sans les consommer immédiatement, faites-les refroidir aussi rapidement que possible dans un endroit frais, puis placez-les au réfrigérateur jusqu'à emploi.
- Assurez-vous toujours que le poulet et le porc sont bien cuits. Vous pouvez vérifier avec un thermomètre à viande ou en introduisant une brochette dans la partie la plus épaisse de la viande. Si le jus qui coule est clair, la viande est cuite. S'il est rose, remettez la viande sur le gril et poursuivez la cuisson.
- Gardez à l'esprit que les jeunes enfants, les personnes âgées et les femmes enceintes sont particulièrement vulnérables aux maladies causées par des aliments dangereux. La plupart du temps, la contamination d'aliments est due soit à une mauvaise conservation, soit à l'utilisation d'ustensiles sales.

apéros & entrées

brochettes crevettes-bacon-tomates

Pour **4 personnes**
Préparation **15 minutes**
+ trempage
Cuisson **4 à 6 minutes**

4 tranches de **bacon** sans couenne
12 grosses **crevettes** crues décortiquées, déveinées mais avec la queue
12 **tomates cerises**
12 feuilles de **basilic**
huile en spray
sel et **poivre noir**
1 **citron** pour servir

Faites tremper 12 petites brochettes en bambou dans de l'eau froide pendant 30 minutes. Coupez chaque tranche de bacon en trois, en diagonale, puis étirez les morceaux dans la longueur avec le dos d'un couteau pour les affiner.

Enveloppez avec précaution chaque crevette dans 1 morceau de bacon. Enfilez-en 1 par brochette, avec 1 tomate cerise et 1 feuille de basilic. Assaisonnez d'un peu de sel et de poivre.

Vaporisez les brochettes d'un peu d'huile et faites-les cuire au barbecue à température élevée pendant 2 à 3 minutes de chaque côté. Arrosez de jus de citron et servez chaud.

dattes au chèvre et au bacon

Étirez 4 tranches de bacon en suivant la méthode ci-dessus. Incisez 12 grosses dattes medjool pour les ouvrir et retirez les noyaux. Mettez 1 cuillerée à café de fromage de chèvre dans chaque incision, puis enveloppez chaque datte dans un morceau de bacon. Enfilez-les sur des brochettes en bambou préalablement trempées dans de l'eau et faites cuire au barbecue 2 à 3 minutes de chaque côté.

yakitori de poulet

Pour **4 personnes**
Préparation **15 minutes**
+ marinade
Cuisson **4 à 6 minutes**

3 c. à s. de **sauce soja japonaise**
1 ½ c. à s. de **saké** ou de **xérès sec**
1 c. à s. de **sucre en poudre**
300 g de **cuisses de poulet** désossées, sans peau, coupées dans la longueur en lanières de 1 cm d'épaisseur
75 g de **mayonnaise**
1 c. à c. de **pâte de wasabi**

Mélangez la sauce soja, le saké et le sucre dans une petite casserole et faites chauffer doucement pour dissoudre le sucre. Laissez refroidir complètement. Mettez le poulet dans un plat peu profond, ajoutez la marinade et laissez mariner au moins 1 heure.

Faites tremper 8 brochettes en bambou dans de l'eau froide pendant 30 minutes. Mélangez la mayonnaise et le wasabi dans un bol, puis couvrez et réservez jusqu'à utilisation.

Enfilez le poulet sur les brochettes et faites cuire au barbecue à température élevée pendant 2 à 3 minutes de chaque côté. Servez avec la mayonnaise au wasabi.

thon teriyaki

Mettez 3 cuillerées à soupe de sauce soja, 3 cuillerées à soupe de saké, 2 cuillerées à soupe de mirin et 1 cuillerée à soupe de sucre en poudre dans une casserole, et faites chauffer doucement en remuant, jusqu'à ce que le sucre soit dissous. Laissez refroidir complètement. Faites mariner 4 steaks de thon de 150 g chacun dans cette sauce pendant 15 minutes. Égouttez-les au-dessus de la casserole puis faites mijoter doucement la marinade pendant 2 à 3 minutes pour la faire épaissir. Faites cuire les steaks de thon au barbecue 1 minute de chaque côté, puis arrosez de sauce teriyaki avant de servir.

ailes de poulet épicées

Pour **4 personnes**
Préparation **10 minutes**
+ marinade
Cuisson **8 à 10 minutes**

8 grandes **ailes de poulet**
1 brin de **persil plat** pour décorer
quartiers de **citron vert** pour servir

Marinade
1 gousse d'**ail**
5 cm de **gingembre frais** épluché et haché
le **jus** et le **zeste** finement râpé de 2 **citrons verts**
2 c. à s. de **sauce soja claire**
2 c. à s. d'**huile d'arachide**
2 c. à c. de **cannelle moulue**
1 c. à c. de **curcuma moulu**
2 c. à s. de **miel liquide**
sel

Dip au poivron jaune
2 **poivrons jaunes**
2 c. à s. de **yaourt nature**
1 c. à s. de **sauce soja foncée**
1 c. à s. de **coriandre** hachée
poivre noir

Faites tremper 8 brochettes en bambou 30 minutes dans de l'eau froide. Mixez les ingrédients de la marinade dans un robot. Disposez les ailes de poulet dans un plat peu profond, versez la marinade dessus et enrobez-les. Couvrez et laissez mariner 1 à 2 heures.

Mettez les poivrons sur un barbecue à température élevée pour 10 minutes, en les retournant de temps en temps, jusqu'à ce que la peau noircisse et cloque. Enfermez-les dans un sac en plastique et laissez refroidir. Pelez-les, épépinez-les et retirez les membranes blanches. Mixez la chair avec le yaourt. Versez dans un bol, assaisonnez de sauce soja et de poivre, puis incorporez la coriandre. Couvrez et laissez au frais jusqu'à utilisation.

Sortez le poulet de la marinade, enfilez-le sur les brochettes et faites cuire au barbecue à température élevée 4 à 5 minutes de chaque côté, en arrosant du reste de la marinade. Garnissez de persil, puis servez avec le dip et quelques quartiers de citron vert.

crevettes épicées

Préparez la marinade comme ci-dessus, mais ne mettez que 1 cuillerée à café de miel. Versez-la dans un récipient, ajoutez 20 grosses crevettes crues décortiquées et remuez pour les enrober. Laissez mariner 30 minutes.

Enfilez les crevettes sur des brochettes en bambou préalablement trempées dans de l'eau et vaporisez d'huile. Faites-les cuire au barbecue 2 à 3 minutes de chaque côté et servez avec des quartiers de citron vert.

brochettes saint-jacques et chorizo

Pour **4 personnes**
Préparation **10 minutes**
+ marinade
Cuisson **4 à 6 minutes**

12 **noix de Saint-Jacques** sans corail
12 grandes **feuilles de sauge**
150 g de **chorizo** coupé en 12 rondelles de 1 cm d'épaisseur
2 c. à s. d'**huile d'olive vierge extra**
1 c. à s. de **jus de citron**
1 gousse d'**ail** écrasée
sel et **poivre noir**

Faites tremper 12 petites brochettes en bambou dans de l'eau froide pendant 30 minutes.

Enveloppez chaque noix de Saint-Jacques dans 1 feuille de sauge et enfilez-en 1 par brochette, avec 1 rondelle de chorizo. Mélangez l'huile d'olive, le jus de citron, l'ail, du sel et du poivre, et arrosez-en les brochettes. Laissez mariner pendant 1 heure.

Faites cuire les brochettes au barbecue à température élevée pendant 2 à 3 minutes de chaque côté, jusqu'à ce que les noix de Saint-Jacques soient cuites. Servez immédiatement.

noix de Saint-Jacques au pesto

Salez et poivrez légèrement 12 noix de Saint-Jacques dans leur demi-coquille. Arrosez-les d'un peu d'huile et faites-les cuire, côté coquille vers le bas, au barbecue à température élevée pendant 3 à 4 minutes (elles vont cuire à travers la coquille). Recouvrez de 1 cuillerée à soupe de pesto (voir page 158) avant de servir.

quesadillas jambon-fromage

Pour **4 à 8 personnes**
Préparation **10 minutes**
Cuisson **4 à 6 minutes**

4 **tortillas de blé** de 23 cm de diamètre
200 g de **jambon fumé** en tranches
2 **tomates** coupées en fines tranches
200 g de **gruyère** râpé
2 c. à s. de **coriandre**
sel et **poivre noir**

Disposez 2 tortillas sur le plan de travail et répartissez le jambon, les tomates, le fromage, la coriandre et un peu de sel et de poivre dessus. Recouvrez des 2 tortillas restantes, en appuyant fermement. Faites cuire une des quesadillas sur la plancha d'un barbecue à gaz chaud pendant 2 à 3 minutes, en la retournant à mi-cuisson, jusqu'à ce qu'elle soit croustillante des deux côtés. (Sur un barbecue au charbon de bois, utilisez une poêle-gril chaude à la place.) Servez comme indiqué ci-dessous, puis faites cuire la deuxième quesadilla.

Mettez les quesadillas sur une planche, laissez-les refroidir un instant puis coupez-les en parts avant de servir.

quesadillas épinards-fromage

Mélangez bien 250 g d'épinards surgelés décongelés, égouttés et hachés, avec 75 g de feta émiettée, 1 cuillerée à soupe de parmesan râpé, 1 cuillerée à soupe de mascarpone et un peu de muscade râpée ; salez et poivrez.

Assemblez 4 tortillas de blé deux par deux en les fourrant avec le mélange aux épinards, et faites cuire au barbecue à température élevée comme ci-dessus. Coupez en parts avant de servir.

pains pitas et chèvre mariné

Pour **4 à 6 personnes**
Préparation **10 minutes**
+ marinade
Cuisson **2 minutes**

2 bûches de **chèvre entières de 125 g**, ou 1 bûche de 250 g coupée en tranches
75 ml d'**huile d'olive vierge extra**
1 c. à s. d'**herbes fraîches** de votre choix, hachées
1 **piment rouge fort** épépiné et émincé
le **zeste** râpé de 1 **citron vert**
4 à 6 grands **pains pitas ronds**
huile d'olive vierge extra pour badigeonner les pitas
1 ½ c. à c. de **sumac** ou de **thym séché**
sel et **poivre noir**

Mettez le chèvre dans un plat en céramique peu profond. Mélangez l'huile d'olive, les herbes, le piment, le zeste de citron vert, un peu de sel et de poivre, puis versez le tout sur le fromage. Laissez mariner 1 heure.

Posez les pains pitas sur une planche. Badigeonnez le dessus d'huile d'olive et assaisonnez de sumac, de sel et de poivre. Faites griller, côté épicé vers le haut, au barbecue à température élevée pendant 1 minute, puis retournez et faites cuire 1 minute de l'autre côté, jusqu'à ce que le pain soit croustillant.

Coupez les pitas en parts et servez avec le fromage de chèvre et la marinade.

pitas au beurre à l'ail

Faites fondre 50 g de beurre dans une petite casserole, avec 1 gousse d'ail écrasée et un peu de poivre noir. Faites griller 4 pitas au barbecue pendant 1 minute de chaque côté, jusqu'à ce qu'elles soient croustillantes. Badigeonnez-les de beurre à l'ail et coupez en parts avant de servir.

tortillas grillées et baba ganoush

Pour **6 personnes**
Préparation **10 minutes**
+ refroidissement
et marinade
Cuisson **22 à 27 minutes**

1 **aubergine** d'environ 500 g
1 gousse d'**ail** écrasée
1 c. à s. de **jus de citron**
1 c. à s. de **coriandre** hachée
2 c. à c. de **tahini**
1 pincée de **poivre de Cayenne**
4 **tortillas de blé** de 23 cm de diamètre
huile d'olive
sel et **poivre noir**

Essuyez l'aubergine, piquez-la avec une fourchette un peu partout et faites-la cuire au barbecue 20 à 25 minutes à température élevée, en la retournant souvent, jusqu'à ce que la chair soit tendre et que la peau noircisse. Réservez.

Quand l'aubergine est assez froide pour être manipulée, épluchez-la, jetez la peau, écrasez la chair et passez-la au tamis pour éliminer le surplus d'eau. Mixez la chair dans un robot, ajoutez l'ail, le jus de citron, la coriandre, le tahini, le poivre de Cayenne, un peu de sel et de poivre. Transvasez dans un récipient, couvrez et laissez mariner plusieurs heures pour que les saveurs se développent.

Badigeonnez légèrement les tortillas d'huile d'olive et faites-les griller au barbecue 1 minute de chaque côté. Découpez-les en lanières et servez avec le baba ganoush.

dip à l'aubergine grillée, à la tomate et aux olives

Coupez 1 aubergine moyenne en tranches de 5 mm d'épaisseur, en biais, badigeonnez-les d'huile d'olive et assaisonnez de sel et de poivre noir. Faites cuire au barbecue à température élevée, 2 à 3 minutes de chaque côté. Laissez refroidir puis coupez en petits dés. Mélangez les dés d'aubergine avec 1 tomate finement hachée, 50 g d'olives noires dénoyautées hachées, 1 gousse d'ail écrasée, 1 cuillerée à soupe de coriandre fraîche hachée, 2 cuillerées à soupe d'huile d'olive vierge extra et un peu de jus de citron. Servez avec 4 tortillas grillées.

bruschettas au bresaola

Pour **6 personnes**
Préparation **5 minutes**
Cuisson **2 minutes**

6 tranches de **pain au levain**
3 **tomates mûres**
4 c. à s. d'**huile à l'ail fumé** (voir page 196)
6 tranches de **bresaola** ou de **prosciutto**
poivre noir

Faites griller le pain au barbecue à température moyenne pendant 1 minute de chaque côté.

Coupez les tomates en deux. Frottez-les sur un côté des tranches de pain grillées, sur toute la surface, puis arrosez généreusement d'huile à l'ail.

Disposez les tranches, côté tomate vers le haut, sur un plat et recouvrez chacune de 1 tranche de bresaola, puis poivrez. Arrosez à nouveau d'huile à l'ail avant de servir.

bruschettas aux tomates

Mélangez 3 tomates en grappe détaillées en dés, 1 gousse d'ail écrasée, 1 cuillerée à soupe de basilic en lanières, 1 cuillerée à soupe d'huile d'olive vierge extra et un peu de sel et de poivre. Faites griller 6 tranches de pain au levain comme ci-dessus, puis recouvrez du mélange aux tomates et servez.

salade de melons et jambon de Parme

Pour **4 à 6 personnes**
Préparation **5 minutes**

1 petit **melon charentais** coupé en deux et épépiné
1 petit **melon galia** ou **ogen** coupé en deux et épépiné
12 tranches fines de **jambon de Parme**
brins de **menthe** pour garnir

Assaisonnement
75 g de **dolcelatte**
2 c. à s. de **jus de citron**
5 c. à s. de **lait**
2 c. à s. de **menthe** hachée
sel et **poivre noir**

Préparez l'assaisonnement. Écrasez avec une fourchette le dolcelatte et le jus de citron dans un petit bol, pour obtenir une pâte. Incorporez le lait et la menthe, puis salez et poivrez.

Coupez les melons en fines parts. Vous pouvez aussi en couper seulement un et prélever la chair du deuxième avec une cuillère parisienne.

Disposez le melon sur des assiettes individuelles, avec des tranches de jambon de Parme. Arrosez d'assaisonnement, garnissez de menthe et servez immédiatement.

salade de poivrons et piments rôtis au basilic

Faites cuire 3 poivrons rouges au barbecue à température élevée pendant 15 minutes, en les retournant toutes les 3 à 4 minutes. Faites cuire 2 gros piments verts de la même façon pendant 4 à 5 minutes, en les retournant à mi-cuisson. Enfermez les poivrons et les piments dans un sac en plastique, laissez refroidir, puis pelez-les et épépinez-les. Mettez-les dans un saladier et assaisonnez de 3 cuillerées à soupe d'huile d'olive vierge extra, 2 cuillerées à café de vinaigre de xérès, 1 gousse d'ail écrasée, du sel et du poivre, puis garnissez de basilic.

pain à l'ail et au fromage

Pour **4 personnes**
Préparation **5 minutes**
Cuisson **10 minutes**

1 petite **baguette**
75 ml d'**huile d'olive vierge extra**
1 gousse d'**ail** écrasée
2 c. à c. de **thym** haché
125 g de **mozzarella de lait de bufflonne** coupée en fines tranches
sel et **poivre noir**

Coupez la baguette en 20 tranches rattachées à la base. Mélangez l'huile d'olive, l'ail, le thym, du sel et du poivre dans un récipient et badigeonnez de cette préparation les incisions et le dessus du pain.

Placez 1 tranche de mozzarella dans chaque incision. Disposez la baguette sur une double couche de papier d'aluminium et fermez sans serrer. Faites cuire au barbecue à température moyenne à élevée pendant 5 minutes, puis ouvrez le papier (en utilisant des gants de cuisine pour ne pas vous brûler) et poursuivez la cuisson 5 minutes. Servez chaud.

brochettes de pain, tomates et mozzarella

Coupez 1 petite baguette en dés de 2,5 cm de côté et enfilez-les sur 4 à 6 grandes brochettes en bambou, préalablement trempées dans de l'eau, en alternant avec 1 dé de mozzarella et 1 tomate cerise. Mettez les brochettes dans un plat en céramique. Mélangez 4 cuillerées à soupe d'huile d'olive vierge extra avec 1 cuillerée à soupe d'un mélange d'herbes hachées, un peu de sel et de poivre. Versez le mélange sur les brochettes et laissez mariner 1 heure. Faites cuire au barbecue à température moyenne à élevée pendant 2 à 3 minutes, jusqu'à ce que le fromage commence à fondre.

fagots d'asperges au prosciutto

Pour **4 personnes**
Préparation **10 minutes**
Cuisson **8 à 10 minutes**

24 **pointes d'asperge** parées
4 tranches de **prosciutto**
2 **poivrons piquillos** en bocal, égouttés et coupés en tranches
4 brins de **thym**
4 **filets d'anchois à l'huile** égouttés
sel et **poivre noir**
aïoli (voir page 122) pour servir

Faites blanchir les pointes d'asperge à l'eau bouillante légèrement salée pendant 2 minutes. Égouttez-les bien et passez-les sous l'eau froide, puis séchez-les.

Étalez 1 tranche de prosciutto sur une planche et posez dessus 3 asperges, 1 tranche de poivron piquillo, 1 brin de thym, 1 filet d'anchois puis 3 autres asperges. Salez et poivrez. Roulez pour former un fagot et faites tenir avec de la ficelle de cuisine. Répétez l'opération pour obtenir 4 fagots.

Faites-les cuire au barbecue à température moyenne pendant 6 à 8 minutes, en les retournant souvent. Servez avec l'aïoli.

mouillettes d'asperge

Badigeonnez 20 grosses asperges d'un peu d'huile, assaisonnez et faites-les griller 3 à 4 minutes au barbecue à température élevée, en les retournant à mi-cuisson, jusqu'à ce qu'elles soient tendres. Servez 5 asperges par personne, accompagnées d'un œuf à la coque pour les tremper.

poulet en brochettes de citronnelle

Pour **6 personnes**
Préparation **20 minutes** + marinade
Cuisson **6 à 8 minutes**

500 g de **cuisses de poulet** désossées et sans peau, coupées en lanières
2 gousses d'**ail** écrasées
2 c. à c. de **gingembre frais** épluché et râpé
1 **piment rouge fort** épépiné et finement haché
le **zeste** râpé de 1 **citron vert**
2 c. à s. de **sauce soja claire**
1 c. à s. d'**huile de sésame**
1 c. à c. de **sucre en poudre**
¼ de c. à c. de **poivre noir**
6 grandes tiges de **citronnelle**

Mettez le poulet dans un plat peu profond non métallique. Ajoutez tous les autres ingrédients sauf les tiges de citronnelle, mélangez et laissez mariner 1 heure.

Retirez les premières couches des tiges de citronnelle pour les affiner. Taillez l'extrémité la plus fine en pointe puis enfilez dessus les lanières de poulet mariné, en zigzag. Faites cuire 3 à 4 minutes de chaque côté au barbecue à température élevée, en badigeonnant de marinade à mi-cuisson. Servez chaud.

brochettes de poulet au yaourt

Mélangez 150 g de yaourt à la grecque avec 2 cuillerées à café de coriandre moulue, 1 cuillerée à café de cumin moulu, 1 cuillerée à café de cannelle moulue, 2 gousses d'ail écrasées, le zeste râpé et le jus de ½ citron, 1 cuillerée à café de miel liquide, un peu de sel et de poivre. Préparez 500 g de cuisses de poulet désossées comme ci-dessus et faites-les mariner 1 heure dans le mélange au yaourt. Enfilez les lanières de poulet sur 6 brochettes en métal et faites griller comme ci-dessus. Servez avec une salade de roquette.

steaks & ribs

agneau aux herbes et salade de figues

Pour **4 personnes**
Préparation **15 minutes** + marinade
Cuisson **4 à 6 minutes**

100 ml d'**huile d'olive vierge extra**
5 c. à s. de **mélange romarin-coriandre-citron** (voir page 192)
1 gousse d'**ail** écrasée
12 **côtelettes d'agneau**
125 g de **roquette**
4 **figues** coupées en tranches
75 g d'**olives noires** dénoyautées, coupées en deux
2 à 3 c. à c. de **jus de citron**
sel et **poivre noir**
sauce tahini (voir page 98) pour servir

Mettez 2 cuillerées à soupe d'huile d'olive, le mélange romarin-coriandre-citron, l'ail, du sel et du poivre dans un sac en plastique à fermeture hermétique. Ajoutez les côtelettes d'agneau, fermez et mélangez bien. Laissez mariner de 1 à 4 heures dans un endroit frais.

Sortez les côtelettes de la marinade et séchez-les avec du papier absorbant. Faites-les cuire au barbecue à température élevée 2 à 3 minutes de chaque côté, puis enveloppez-les de papier d'aluminium sans serrer. Laissez reposer 5 minutes.

Préparez la salade. Mélangez dans un saladier la roquette, les figues et les olives. Fouettez le reste de l'huile d'olive avec le jus de citron, du sel et du poivre. Ajoutez dans la salade et remuez pour enrober les feuilles. Servez l'agneau avec la salade et un peu de sauce tahini.

gigot d'agneau au beurre à la menthe

Mélangez 125 g de beurre ramolli avec 2 cuillerées à soupe de menthe hachée et un peu de poivre noir. Formez une bûche avec ce mélange, enveloppez-la de papier d'aluminium et placez-la au frais pour 1 heure. Assaisonnez 4 tranches de gigot d'agneau de 200 g chacune et faites-les cuire au barbecue à température élevée 3 à 4 minutes de chaque côté. Laissez reposer un instant puis recouvrez de tranches de beurre à la menthe avant de servir.

travers de porc à la sauce barbecue

Pour **4 personnes**
Préparation **20 minutes**
+ marinade
Cuisson **1 h 20 à 1 h 35**

1 kg de **travers de porc**
1 c. à s. d'**huile d'olive**
+ un peu pour badigeonner le travers de porc
4 c. à s. de **mélange d'épices barbecue** (voir page 194)

Sauce barbecue
250 ml de **coulis de tomate**
125 ml de **mélasse**
75 ml de **sirop d'érable**
75 ml de **vinaigre de vin blanc**
2 c. à s. de **sauce Worcestershire**
1 c. à s. de **moutarde de Dijon**
1 c. à c. d'**ail moulu**
¼ de c. à c. de **paprika fumé**
sel et **poivre noir**

Placez le travers de porc dans un grand plat peu profond non métallique. Mélangez l'huile d'olive et le mélange d'épices puis frottez-en la viande. Couvrez et laissez mariner au réfrigérateur pendant la nuit.

Préparez la sauce barbecue. Mettez tous les ingrédients dans une casserole et faites chauffer doucement jusqu'à ébullition. Laissez mijoter à petit feu 10 à 15 minutes, jusqu'à ce que la sauce épaississe légèrement, puis laissez refroidir.

Sortez le travers du plat, badigeonnez-le d'huile et faites cuire 10 minutes de chaque côté au barbecue à température moyenne. Badigeonnez généreusement de sauce barbecue puis déposez le travers sur une grille placée au-dessus d'une lèchefrite.

Faites cuire encore 25 à 30 minutes de chaque côté selon la méthode de cuisson indirecte (voir page 12), en arrosant souvent de sauce, jusqu'à ce que la viande soit tendre. Servez avec de la salade verte si vous le souhaitez.

ailes de poulet à la moutarde et au miel

Badigeonnez 12 grosses ailes de poulet d'un peu d'huile, salez et poivrez, puis faites cuire au barbecue à température moyenne 15 minutes de chaque côté. Mélangez 2 cuillerées à soupe de sauce soja foncée, 2 cuillerées à café de moutarde de Dijon et 1 cuillerée à café de miel liquide. Badigeonnez les ailes de ce mélange et faites cuire encore 1 à 2 minutes de chaque côté, jusqu'à ce qu'elles soient glacées.

entrecôtes à la sauce chimichurri

Pour **4 personnes**
Préparation **20 minutes**
Cuisson **6 à 8 minutes**

4 **entrecôtes** d'environ 200 g chacune
huile d'olive vierge extra
sel et **poivre noir**

Sauce chimichurri
1 botte de **coriandre**
1 botte de **persil**
2 c. à c. d'**origan séché**
2 gousses d'**ail** hachées
1 c. à c. de **paprika fumé**
150 ml d'**huile d'olive vierge extra**
2 c. à s. de **vinaigre de vin rouge**

Salsa
1 **avocat** épluché, dénoyauté et coupé en dés
12 **tomates cerises** coupées en deux
2 **piments rouges forts** épépinés et émincés
2 c. à s. de **coriandre fraîche** hachée
le **jus** de ½ **citron vert**
sel

Mixez tous les ingrédients de la sauce chimichurri dans un robot de cuisine, jusqu'à obtention d'une consistance homogène. Assaisonnez selon votre goût et réservez jusqu'à utilisation.

Badigeonnez les entrecôtes d'un peu d'huile d'olive et assaisonnez-les généreusement de sel et de poivre. Faites cuire au barbecue à température élevée 3 à 4 minutes de chaque côté. Laissez reposer 3 minutes.

Préparez la salsa. Mélangez bien l'avocat, les tomates cerises, les piments, la coriandre, le jus de citron vert et un peu de sel dans un saladier.

Recouvrez les entrecôtes de salsa et arrosez de sauce chimichurri avant de servir.

entrecôtes à la salsa verde

Commencez par préparer la salsa verde. Mixez 1 botte de persil avec ½ botte de menthe, ½ botte de basilic et ½ botte de ciboulette, 1 gousse d'ail écrasée, 1 cuillerée à soupe d'olives vertes dénoyautées, 1 cuillerée à soupe de câpres, 2 filets d'anchois, 1 cuillerée à café de moutarde de Dijon, 2 cuillerées à café de vinaigre de vin blanc, 150 ml d'huile d'olive vierge extra, du sel et du poivre. En suivant la méthode ci-dessus, faites cuire 4 entrecôtes. Servez avec la salsa verde.

filets de bœuf et sauce à la tapenade

Pour **4 personnes**
Préparation **8 minutes**
Cuisson **14 à 17 minutes**

50 g de **beurre**
4 **échalotes** émincées
1 c. à s. de **moutarde à l'ancienne**
1 c. à c. de **moutarde de Dijon**
2 c. à s. de **tapenade noire** du commerce ou faite maison (voir ci-dessous)
150 ml de **cidre**
4 **filets de bœuf** épais, d'environ 200 g chacun
2 c. à s. de **grains de poivre noir** grossièrement moulus
2 c. à s. de **crème fraîche**
2 c. à s. d'**estragon** haché
sel et **poivre noir**

Faites chauffer le beurre dans une poêle jusqu'à ce qu'il commence à mousser. Faites revenir doucement les échalotes pendant 5 à 6 minutes. Ajoutez les deux moutardes et la tapenade, puis versez le cidre. Laissez mijoter à petit feu pendant 2 minutes, puis retirez du feu.

Posez les filets de bœuf sur le poivre noir et appuyez fortement. Faites-les cuire au barbecue à température élevée pendant 3 à 4 minutes de chaque côté. Laissez reposer sur les assiettes chaudes pendant que vous terminez de préparer la sauce à la tapenade.

Incorporez la crème fraîche et l'estragon à la sauce, salez et poivrez, puis réchauffez-la doucement sans la laisser bouillir. Versez un peu de sauce sur chaque filet et servez immédiatement avec des asperges à la vapeur, des frites maison et de la mayonnaise à la moutarde.

tapenade maison

Mixez 125 g d'olives noires dénoyautées, 2 filets d'anchois égouttés, 2 gousses d'ail écrasées, 2 cuillerées à soupe de câpres égouttées, 1 cuillerée à café de moutarde de Dijon, 4 cuillerées à soupe d'huile d'olive vierge extra et quelques gouttes de jus de citron. Assaisonnez selon votre goût.

côtes de bœuf au beurre ail-persil

Pour **4 personnes**
Préparation **10 minutes**
+ refroidissement
Cuisson **10 minutes**

4 **côtes de bœuf** d'environ 500 g chacune
1 ½ c. à s. de **thym** haché
2 c. à s. d'**huile d'olive vierge extra**
sel et **poivre noir**

Beurre ail-persil
125 g de **beurre** ramolli
1 gousse d'**ail** écrasée
2 c. à s. de **câpres** égouttées
1 c. à s. de **persil** haché

Mettez les ingrédients du beurre ail-persil dans un récipient et assaisonnez selon votre goût. Façonnez le beurre en forme de bûche, enveloppez de film alimentaire et laissez au frais jusqu'à utilisation. Coupez en tranches.

Assaisonnez les côtes de bœuf de sel et de poivre, saupoudrez de thym puis frottez-les avec l'huile d'olive. Faites-les cuire au barbecue à température élevée pendant 5 minutes de chaque côté, puis enveloppez-les de papier d'aluminium sans serrer et laissez reposer 5 minutes. Disposez des tranches de beurre dessus avant de servir.

côtes de bœuf aux champignons grillés

Assaisonnez et huilez 4 gros rosés-des-prés parés. Faites-les cuire 5 à 6 minutes de chaque côté au barbecue à température élevée. En suivant la méthode ci-dessus, faites cuire 4 côtes de bœuf à votre convenance. Laissez reposer et servez avec les champignons, un peu de persil haché, quelques gouttes de jus de citron et un généreux filet d'huile d'olive vierge extra.

travers de porc à la sauce hoisin

Pour **4 personnes**
Préparation **25 minutes**
Cuisson **1 h 10 à 1 h 20**

1 kg de **travers de porc**
4 c. à s. de **vinaigre de vin blanc**
lamelles d'**oignon nouveau** pour garnir

Sauce barbecue hoisin
50 ml de **sauce hoisin**
50 ml de **ketchup**
2 c. à s. de **vinaigre de vin blanc**
2 c. à s. de **sauce soja foncée**
2 c. à s. de **miel liquide**
1 grosse gousse d'**ail** écrasée
1 c. à c. de **gingembre frais** épluché et râpé
1 c. à c. d'**huile de sésame**
½ c. à c. de **cinq-épices**

Mettez le travers de porc dans une grande casserole, avec le vinaigre et assez d'eau pour recouvrir la viande de 5 cm. Portez à ébullition et laissez mijoter 20 minutes. Égouttez le travers et laissez-le sécher sur du papier absorbant, puis mettez-le dans un récipient.

Réunissez tous les ingrédients pour la sauce dans une casserole et portez à légère ébullition. Laissez mijoter doucement 6 à 8 minutes, jusqu'à ce que la sauce épaississe légèrement.

Badigeonnez le travers de marinade et faites-le cuire en cuisson indirecte (voir page 12) au barbecue à température moyenne pendant 45 à 50 minutes, en l'arrosant et en le retournant fréquemment, jusqu'à ce qu'il soit glacé et tendre. Garnissez d'oignon nouveau et servez avec du riz cuit à la vapeur.

darnes de saumon à la sauce hoisin

Préparez la sauce comme ci-dessus et laissez-la refroidir. Badigeonnez 4 darnes de saumon de 200 g chacune avec un peu de sauce et faites-les cuire au barbecue à température moyenne pendant 3 à 4 minutes de chaque côté. Servez avec une salade verte croquante.

poitrine de porc au rhum et à l'érable

Pour **6 personnes**
Préparation **5 minutes**
+ marinade
Cuisson **1 h 40 à 1 h 50**

1 morceau de **poitrine de porc** de 1 kg, désossé et sans peau, ou un poids équivalent de tranches
1 c. à s. d'**huile d'olive**
2 à 4 c. à s. de **sauce épicée jerk**

Glaçage au rhum et à l'érable
125 ml de **sirop d'érable**
100 g de **vergeoise**
4 c. à s. de **rhum jamaïcain**
le **jus** de 1 **orange**
2 c. à s. de **vinaigre de vin rouge**
½ c. à c. de **cannelle moulue**
sel et **poivre**

Mettez la poitrine de porc dans un plat en céramique et badigeonnez-la d'huile d'olive. Frottez-la avec la sauce jerk et laissez mariner pendant la nuit au réfrigérateur. Mettez-la à température ambiante 1 heure avant la cuisson puis sortez-la de la marinade.

Faites cuire le porc au barbecue à température élevée 10 minutes de chaque côté, puis déposez-le sur une grille placée au-dessus d'une lèchefrite. Faites cuire 1 heure selon la méthode de cuisson indirecte (voir page 12).

Préparez le glaçage. Mettez tous les ingrédients dans une casserole et faites chauffer doucement, jusqu'à ce que le sucre soit dissous. Laissez mijoter à petit feu pendant 10 minutes pour que le glaçage soit épais et sirupeux.

Badigeonnez le porc de glaçage et poursuivez la cuisson 10 à 15 minutes de chaque côté. Servez avec une salade de pommes de terre nouvelles (voir ci-dessous).

salade de pommes de terre nouvelles

Faites cuire 750 g de pommes de terre nouvelles brossées. Égouttez-les, coupez-les en morceaux et incorporez 4 cuillerées à soupe de mayonnaise de bonne qualité, 4 oignons nouveaux parés et coupés en fines rondelles, 2 cuillerées à soupe de ciboulette ciselée, 1 cuillerée à soupe de vinaigre de vin blanc, 2 cuillerées à café de moutarde à l'ancienne, un peu de sel et de poivre. Laissez refroidir.

côtelettes de porc au fenouil et beurre à l'estragon

Pour **4 personnes**
Préparation **5 minutes**
+ marinade
Cuisson **8 à 10 minutes**

4 **côtelettes de porc** d'environ 250 g chacune
1 c. à s. d'**huile d'olive**
2 c. à s. de **mélange fenouil-poivre** (voir page 192)
quartiers de **citron** pour servir

Beurre à l'estragon
125 g de **beurre**
2 c. à s. d'**estragon** haché
sel et **poivre noir**

Badigeonnez les côtelettes de porc d'huile d'olive, frottez-les avec le mélange fenouil-poivre, puis placez-les dans un plat peu profond. Laissez mariner 2 heures dans un endroit frais.

Mélangez bien le beurre ramolli avec l'estragon et un peu de poivre. Façonnez en forme de bûche et enveloppez de film alimentaire, puis laissez au réfrigérateur jusqu'à utilisation.

Faites cuire les côtelettes de porc au barbecue à température élevée 4 à 5 minutes de chaque côté, puis enveloppez-les de papier d'aluminium sans serrer et laissez reposer 5 minutes. Coupez le beurre en tranches et mettez-en sur la viande avant de servir. Accompagnez de quartiers de citron.

saumon grillé au beurre à l'estragon

Assaisonnez légèrement 4 filets de saumon de 200 g chacun, badigeonnez-les d'huile d'olive et faites-les cuire à température élevée 3 à 4 minutes de chaque côté. Laissez reposer brièvement puis disposez des tranches de beurre à l'estragon sur le saumon (suivez la recette ci-dessus) avant de servir.

bœuf en robe de prosciutto

Pour **8 personnes**
Préparation **30 minutes**
Cuisson **36 à 38 minutes** + repos

- 2 c. à s. de **thym** haché
- le **zeste** râpé de 2 **citrons**
- 4 c. à s. d'**huile d'olive vierge extra**
- 2 **filets de bœuf** d'environ 750 g chacun
- 12 grandes tranches de **prosciutto**
- 4 grosses **pommes de terre** (désirées par exemple), environ 1,25 kg au total
- **sel** et **poivre noir**

Mélangez le thym, le zeste de citron, 2 cuillerées à soupe d'huile d'olive et un peu de sel et de poivre, et frottez les filets de bœuf de ce mélange. Enveloppez-les de prosciutto pour les parfumer et éviter qu'ils sèchent, et attachez avec de la ficelle de cuisine.

Faites cuire les filets sur la plancha d'un barbecue à gaz chaud pendant 25 minutes, en les retournant souvent (ou utilisez la méthode de cuisson indirecte avec un barbecue à charbon). Enveloppez-les ensuite dans une double couche de papier d'aluminium et laissez reposer 20 minutes.

Coupez les pommes de terre dans la longueur, en tranches de 1 cm d'épaisseur, et faites-les blanchir 5 minutes. Égouttez bien, badigeonnez-les du reste de l'huile d'olive puis salez et poivrez. Faites griller les tranches de pomme de terre sur la grille pendant 3 à 4 minutes de chaque côté, jusqu'à ce qu'elles soient tendres.

Coupez le bœuf en tranches et servez-le avec les pommes de terre et une salade d'épinards (voir ci-dessous).

salade d'épinards

Lavez et égouttez 125 g de jeunes pousses d'épinard puis mettez-les dans un saladier. Fouettez 2 cuillerées à soupe d'huile d'olive vierge extra, 2 cuillerées à café de vinaigre de vin rouge, 1 pincée de sucre en poudre, un peu de sel et de poivre. Versez la vinaigrette sur la salade et remuez bien avant de servir.

poulet et salade à la marocaine

Pour **4 à 6 personnes**
Préparation **15 minutes** + marinade
Cuisson **15 à 21 minutes**

4 **filets de poulet** avec la peau, d'environ 250 g chacun
2 c. à s. de **mélasse de grenade** (ou 2 c. à s. de **miel** mélangées avec 1 c. à c. de **jus de citron**)
1 c. à s. d'**huile d'olive vierge extra**
2 c. à c. de **sumac** ou de **thym** séché
sel et **poivre noir**

Salade marocaine
1 petite **aubergine**
2 c. à s. d'**huile d'olive vierge extra**
2 **pains plats**
250 g de **tomates cerises** coupées en quatre
1 petit **concombre** détaillé en dés
75 g d'**olives noires** dénoyautées, hachées
½ botte de **menthe**
½ botte de **coriandre**
½ botte de **persil**
1 **grenade** épluchée
le **jus** de ½ **citron**
1 c. à c. de **sucre en poudre**

Incisez les filets de poulet côté peau à plusieurs endroits et mettez-les dans un saladier. Ajoutez la mélasse de grenade, l'huile d'olive, le sumac, du sel et du poivre. Frottez-en le poulet et laissez mariner 1 heure au frais.

Sortez le poulet de la marinade (réservez celle-ci) et faites-le cuire au barbecue à température moyenne à élevée, 6 à 8 minutes de chaque côté. Laissez reposer 5 minutes.

Faites chauffer la marinade réservée dans une petite casserole, jusqu'à ce qu'elle bouillonne et réduise légèrement. Badigeonnez-en le poulet cuit.

Préparez la salade. Coupez l'aubergine en tranches de 5 mm d'épaisseur, en biais. Badigeonnez-les d'un peu d'huile et faites cuire au barbecue à température élevée 1 à 2 minutes de chaque côté. Faites griller les pains 30 secondes de chaque côté sur le barbecue, puis émiettez-les dans un grand saladier. Ajoutez les tomates, le concombre, les olives, les herbes et les graines de grenade. Fouettez le reste de l'huile, le jus de citron, le sucre, du sel et du poivre, et ajoutez dans la salade. Remuez bien et servez avec le poulet.

ailes de poulet à la grenade

Suivez la recette ci-dessus, en remplaçant les filets de poulet par 12 grandes ailes. Laissez mariner 1 heure et faites cuire au barbecue à température moyenne à élevée 10 à 12 minutes de chaque côté. Laissez refroidir 5 minutes, avant de servir avec une salade verte.

poulet en crapaudine aux agrumes

Pour **4 personnes**
Préparation **15 minutes**
Cuisson **50 minutes**

1 **poulet** de 1,5 kg, préparé en crapaudine par votre boucher
2 c. à s. d'**huile d'olive vierge extra**
sel et **poivre noir**

Assaisonnement au citron grillé
huile en spray
3 **citrons** coupés en deux
1 gousse d'**ail** écrasée
75 ml d'**huile d'olive vierge extra**
1 pincée de **sucre en poudre**
1 gros **piment rouge** épépiné et finement haché
2 c. à s. de **persil** haché
sel et **poivre noir**

Salez et poivrez le poulet, puis frottez-le avec l'huile d'olive. Enfilez 2 brochettes en métal dans la volaille, en diagonale (du bout de l'aile jusqu'au pilon, pour qu'elle reste plate). Faites cuire au barbecue à température élevée 5 minutes, côté poitrine vers le bas. Poursuivez la cuisson à température moyenne, pendant 15 minutes à couvert. Retournez le poulet et faites cuire encore 20 minutes. Laissez reposer 10 minutes.

Vaporisez un peu d'huile sur le côté coupé des moitiés de citron et faites-les griller 10 minutes au barbecue à température élevée, côté coupé vers le bas, en les retournant souvent. Laissez refroidir.

Pressez 2 moitiés de citron au-dessus d'un bol et incorporez l'ail, l'huile, le sucre, le piment, le persil, du sel et du poivre.

Placez le poulet cuit sur une planche à découper, détaillez-le en gros morceaux à l'aide d'un grand couteau puis dressez sur un plat chaud. Versez l'assaisonnement, garnissez d'un peu de piment, de persil et du reste des moitiés de citron avant de servir.

salade de cresson, mâche et amandes

Faites griller 100 g d'amandes mondées 5 à 6 minutes dans un four préchauffé à 190 °C. Laissez refroidir. Mélangez 50 g de cresson, 50 g de mâche, les amandes et 75 g de raisins sultanines dans un saladier. Arrosez d'un peu d'huile et de quelques gouttes de vinaigre balsamique, salez, poivrez et remuez. Servez avec le poulet.

salade d'agneau, betterave et feta

Pour **4 personnes**
Préparation **15 minutes**
+ marinade
Cuisson **43 à 49 minutes**

2 **carrés d'agneau** d'environ 250 g chacun
1 c. à s. d'**huile d'olive vierge extra**
1 c. à s. d'**origan** séché
500 g de petites **betteraves**
200 g de **haricots verts** parés
125 g de **feta**
100 g de **jeunes pousses d'épinard**
100 g de **noix** grillées
sel et **poivre noir**

Vinaigrette à l'huile de noix et à la framboise
3 c. à s. d'**huile de noix**
2 à 3 c. à c. de **vinaigre de framboise**
2 c. à c. de **moutarde à l'ancienne**
sel et **poivre noir**

Badigeonnez les carrés d'agneau d'huile d'olive et frottez-les avec l'origan, du sel et du poivre. Laissez mariner 1 heure.

Faites cuire les betteraves à l'eau pendant 20 minutes. Égouttez, détaillez en quartiers et placez dans un saladier. Ajoutez un peu d'huile puis enfilez les betteraves sur 2 brochettes en métal. Faites-les cuire au barbecue à température élevée 6 à 8 minutes de chaque côté, puis remettez-les dans le saladier.

Faites blanchir les haricots verts 3 minutes à l'eau bouillante salée. Égouttez-les, rafraîchissez-les à l'eau froide et séchez-les. Ajoutez-les dans le saladier, avec la feta, les épinards et les noix.

Fouettez les ingrédients de la vinaigrette dans un bol.

Faites cuire les carrés d'agneau au barbecue à température élevée 4 à 5 minutes de chaque côté, puis laissez reposer un petit moment. Coupez en tranches, servez avec la salade et arrosez de vinaigrette.

agneau grillé à la vinaigrette à la menthe

Assaisonnez 8 côtelettes de 125 g chacune, badigeonnez-les d'un peu d'huile et faites-les griller 3 à 4 minutes de chaque côté au barbecue à température élevée. Laissez reposer. Fouettez 5 cuillerées à soupe de vinaigre de vin blanc, 2 cuillerées à soupe d'huile d'olive, 2 cuillerées à soupe de menthe hachée, 2 cuillerées à café de sucre en poudre, du sel et du poivre. Arrosez-en les côtelettes et servez avec une salade verte.

faux-filets et frites à la moutarde

Pour **4 personnes**
Préparation **10 minutes**
Cuisson **26 à 28 minutes**

500 g de **pommes de terre** brossées
3 c. à s. d'**huile d'olive**
1 **blanc d'œuf**
1 c. à c. de **moutarde à l'ancienne**
½ c. à c. de **curcuma moulu**
250 g de **tomates cerises**
250 g de **champignons de Paris** parés
4 tranches épaisses de **faux-filet** d'environ 200 g chacune, parées
poivre noir

Faites blanchir les pommes de terre 5 minutes, puis égouttez-les. Coupez-les en gros quartiers. Mettez 1 cuillerée à soupe d'huile d'olive dans un récipient, ajoutez le blanc d'œuf, la moutarde, le curcuma, un peu de poivre et battez légèrement avec une fourchette. Ajoutez les quartiers de pomme de terre et remuez bien.

Disposez les quartiers de pomme de terre en couche simple sur la plancha d'un barbecue à gaz chaud, ou sur une poêle-gril sur un barbecue au charbon de bois, et faites cuire 10 minutes. Ajoutez les tomates cerises et poursuivez la cuisson 5 minutes.

Badigeonnez les champignons et les tranches de faux-filet du reste de l'huile, et poivrez légèrement ces dernières. Faites cuire la viande au barbecue à température élevée 3 à 4 minutes de chaque côté. Laissez reposer 5 minutes et faites cuire les champignons pendant ce temps.

Servez les faux-filets avec les frites et les légumes.

salade de cresson

Mélangez 125 g de cresson avec 50 g de frisée dans un grand saladier et ajoutez 50 g de noix grillées. Mélangez 2 cuillerées à café de vinaigre de vin blanc, 2 cuillerées à café de moutarde à l'ancienne, ½ cuillerée à café de sucre en poudre, du sel et du poivre dans un bol, et mélangez au fouet avec 3 cuillerées à soupe d'huile de noix. Versez sur la salade et remuez.

brochettes, burgers & hot dogs

hot dogs à la sauce barbecue

Pour **4 personnes**
Préparation **10 minutes**
Cuisson **25 à 30 minutes**

2 gros **oignons** coupés en tranches
2 c. à s. d'**huile d'olive vierge extra**
1 c. à s. de **thym** haché
4 grosses **saucisses de porc**
un peu de **beurre**
4 **pains à hot dog** coupés en deux
4 c. à s. de **sauce barbecue** (voir page 46)
sel et **poivre noir**

Mélangez les oignons avec l'huile d'olive, le thym, du sel et du poivre, et faites-les cuire sur la plancha d'un barbecue à gaz chaud pendant 15 à 20 minutes, jusqu'à ce qu'ils soient tendres et dorés. (Sur un barbecue au charbon de bois, utilisez une poêle-gril chaude à la place.)

Faites griller les saucisses sur le barbecue pendant 10 minutes environ.

Beurrez les pains et garnissez-les chacun de 1 saucisse, d'oignons et de 1 cuillerée à soupe de sauce barbecue.

hot dogs à la moutarde et aux cornichons

Faites cuire les saucisses et les oignons comme ci-dessus. Servez-les dans 4 pains à hot dog, avec 2 cornichons à l'aneth coupés en dés et un peu de moutarde.

brochettes de poulet à la mozzarella

Pour **4 personnes**
Préparation **25 minutes**
Cuisson **21 minutes**

8 petites **cuisses de poulet** désossées et sans peau
2 **bocconcinis** (petites boules de mozzarella) coupés en quatre
8 grandes feuilles de **basilic**
8 grandes tranches de **prosciutto**
2 petits **citrons** coupés en deux
sel et **poivre noir**

Disposez les cuisses de poulet à plat, côté désossé vers le haut ; salez et poivrez. Placez 1 quart de bocconcini et 1 feuille de basilic au centre de chaque cuisse et roulez pour recouvrir la garniture. Enveloppez chaque cuisse dans 1 tranche de prosciutto et enfilez le tout sur 8 brochettes en métal. Procédez comme sur la photo pour que les brochettes soient plus faciles à retourner.

Faites cuire les brochettes sur la plancha d'un barbecue à gaz chaud 8 minutes de chaque côté, jusqu'à ce que le fromage soit fondu. (Sur un barbecue au charbon de bois, faites cuire directement sur la grille.) Enveloppez de papier d'aluminium et laissez reposer 5 minutes. Manipulez les brochettes avec précaution car elles seront très chaudes.

Faites griller les moitiés de citron, côté coupé vers le bas, pendant 5 minutes.

Arrosez les brochettes de jus de citron avant de servir.

salade de roquette au parmesan

Mettez 125 g de jeunes pousses de roquette dans un saladier ; salez et poivrez légèrement. Fouettez 2 cuillerées à soupe d'huile d'olive vierge extra, 1 cuillerée à café de vinaigre balsamique, du sel et du poivre. Arrosez la roquette de vinaigrette, remuez bien et parsemez de 15 g de copeaux de parmesan avant de servir.

hamburgers classiques

Pour **4 personnes**
Préparation **10 minutes**
+ réfrigération
Cuisson **12 à 14 minutes**

500 g de **bœuf** haché
250 g de **poitrine de porc** sans couenne, hachée
1 **oignon** finement haché
1 c. à c. de **sauce Worcestershire**
2 c. à s. de **câpres** égouttées
huile d'olive
4 **pains à hamburger** coupés en deux
2 c. à s. de **moutarde**
100 g de feuilles de **laitue** coupées en lanières
2 **tomates** coupées en rondelles
2 **cornichons à l'aneth** coupés en tranches
sel et **poivre noir**

Mettez le bœuf et le porc hachés dans un récipient, avec l'oignon, la sauce Worcestershire, les câpres, du sel et du poivre. Mélangez bien avec les mains, puis formez 4 steaks de taille égale. Placez pour 30 minutes au réfrigérateur.

Badigeonnez les steaks d'huile d'olive et faites-les cuire au barbecue à température élevée 5 à 6 minutes de chaque côté, jusqu'à ce qu'ils soient brunis à l'extérieur et juste cuits à l'intérieur.

Faites griller les pains 1 minute de chaque côté sur le barbecue.

Tartinez l'intérieur des pains d'un peu de moutarde puis ajoutez de la laitue, 1 steak, des rondelles de tomate et un peu de cornichon à l'aneth.

burgers de bœuf aux oignons grillés

Suivez la recette ci-dessus, en supprimant la poitrine de porc et en utilisant 750 g de bœuf haché. Mélangez le bœuf avec 1 oignon émincé, 4 anchois émincés, 2 cuillerées à soupe de persil haché, un peu de sel et de poivre. Formez des steaks, faites-les cuire et recouvrez-les d'oignons dorés avant de servir (voir page 72).

cheeseburgers

Pour **4 personnes**
Préparation **15 minutes**
+ réfrigération
Cuisson **11 à 13 minutes**

750 g de **bœuf** haché
1 **oignon** finement haché
1 gousse d'**ail** écrasée
2 c. à c. de **thym** ciselé
huile d'olive
125 g de **cheddar** râpé
4 **pains à hamburger** coupés en deux
4 grosses feuilles de **laitue beurre**
2 **tomates** coupées en rondelles
sel et **poivre noir**

Mettez le bœuf, l'oignon, l'ail, le thym, du sel et du poivre dans un récipient. Travaillez les ingrédients avec les mains jusqu'à ce qu'ils soient bien mélangés. Formez 4 steaks de taille égale et placez-les pour 30 minutes au réfrigérateur.

Badigeonnez les steaks d'un peu d'huile d'olive et faites-les cuire au barbecue à température élevée 5 à 6 minutes de chaque côté. Recouvrez-les ensuite de cheddar et placez-les sous un gril chaud pour 30 secondes afin de faire fondre le fromage.

Faites griller les pains au barbecue sur le côté coupé, pendant 1 minute.

Garnissez chaque pain de laitue et de rondelles de tomate, puis ajoutez 1 steak recouvert de fromage.

burgers au stilton

Coupez 50 g de stilton en 4 morceaux. Formez 4 steaks en suivant la recette ci-dessus, puis enfoncez un morceau de stilton au centre de chacun. Faites cuire comme ci-dessus et servez dans 4 pains à hamburger grillés, tartinés de mayonnaise et garnis de cresson.

burgers siciliens

Pour **4 personnes**
Préparation **20 minutes**
+ réfrigération
Cuisson **14 à 16 minutes**

1 c. à s. d'**huile d'olive**
1 **oignon rouge** finement haché
3 gousses d'**ail** finement hachées
625 g de **viande de bœuf** de bonne qualité, grossièrement hachée
2 c. à s. de **basilic** haché
2 c. à s. de **marjolaine** hachée
2 c. à s. d'**origan** haché
50 g de **parmesan** fraîchement râpé
75 g de **tomates séchées** finement hachées
75 g d'**olives noires** finement hachées
huile d'olive
2 **focaccias** coupées en quatre, puis en deux dans l'épaisseur
mayonnaise (voir page 158) parfumée avec 4 c. à s. de **basilic** haché
75 g de **roquette**
1 boule de **mozzarella** de 125 g
1 petite botte de **basilic**
sel et **poivre noir**

Faites chauffer l'huile d'olive dans une poêle et faites-y revenir l'oignon et l'ail 4 minutes à feu moyen.

Mélangez le bœuf, l'oignon et l'ail, les herbes, le parmesan, les tomates séchées et les olives dans un grand saladier, salez et poivrez. Formez 8 steaks avec la préparation. Couvrez et réfrigérez 30 minutes.

Badigeonnez les steaks d'un peu d'huile d'olive et faites-les cuire 4 à 5 minutes de chaque côté au barbecue à température élevée.

Faites griller les morceaux de focaccia 1 minute de chaque côté sur le barbecue.

Étalez de la mayonnaise au basilic sur la base de chaque pain, recouvrez d'un peu de roquette et de 1 steak cuit. Détaillez la boule de mozzarella en tranches et répartissez-les dans les burgers. Recouvrez avec le reste des morceaux de pain et ajoutez 1 feuille de basilic. Faites tenir avec une pique à cocktail. Servez avec de la mayonnaise au basilic et de la roquette en plus, si vous le souhaitez.

burgers à la betterave et au raifort

Faites cuire les steaks comme ci-dessus. Mélangez 1 cuillerée à soupe de sauce au raifort avec 150 g de crème fraîche, du sel et du poivre. Disposez les steaks dans 2 gros pains coupés en deux, avec des tranches de betterave cuite, 1 poignée de roquette et 1 cuillerée de crème au raifort. Coupez les pains en quatre et servez.

burgers thaïs au poulet

Pour **4 personnes**
Préparation **20 minutes**
+ réfrigération
Cuisson **11 à 14 minutes**

500 g de **filets de poulet** sans peau, hachés
1 à 2 c. à s. de **pâte de curry rouge thaïe**
1 petit **oignon** finement haché
2 c. à s. de **coriandre** hachée
huile d'olive
4 **pains ovales** coupés en deux
50 g de **mesclun**
1 poignée d'un mélange de **basilic thaï** ou **ordinaire**, de **coriandre** et de **menthe**
sel et **poivre noir**

Sauce satay à la noix de coco
6 c. à s. de **crème de coco**
3 c. à s. de **beurre de cacahuète crémeux**
le **jus** de ½ **citron vert**
2 c. à c. de **sauce de poisson thaïe**
2 c. à c. de **sauce douce au piment**

Mixez le poulet, la pâte de curry, l'oignon, la coriandre, du sel et du poivre dans un robot. Transvasez dans un récipient et placez pour 30 minutes au réfrigérateur. Formez 8 galettes de taille égale avec la préparation.

Mettez tous les ingrédients de la sauce satay dans une petite casserole, faites chauffer doucement et mélangez bien. Laissez mijoter à petit feu pendant 1 à 2 minutes, jusqu'à ce que la sauce épaississe, puis laissez refroidir.

Badigeonnez légèrement les galettes d'huile d'olive et faites-les cuire 5 à 6 minutes de chaque côté au barbecue à température élevée. Introduisez une brochette au centre de l'une d'elles pour vérifier la cuisson : elle doit être chaude au toucher.

Garnissez les pains de galettes de poulet, de mesclun et d'herbes variées, et arrosez de sauce satay à la noix de coco.

burgers express au poulet et à la sauce au piment

Coupez 2 gros filets de poulet sans peau en deux, horizontalement, pour obtenir 4 filets plus fins. Salez et poivrez, badigeonnez d'huile d'olive et faites cuire 4 à 5 minutes de chaque côté au barbecue à température élevée. Pressez 1 citron vert sur les filets de poulet puis mettez-les dans 4 petits pains grillés, avec des feuilles de salade, des herbes et de la sauce douce au piment.

burgers au porc et poires grillées

Pour **4 personnes**
Préparation **5 minutes**
Cuisson **25 à 27 minutes**

25 g de **beurre**
2 **poires** coupées en quartiers
6 c. à s. de **sirop d'érable**
1 c. à s. de **vinaigre de vin rouge**
1 c. à s. de **moutarde à l'ancienne**
2 c. à c. de **gingembre frais** épluché et râpé
1 c. à s. de **sauge** hachée
4 **médaillons de porc** de 125 g chacun
4 **petits pains tendres** coupés en deux
mesclun
sel et **poivre noir**

Faites chauffer le beurre dans une poêle et faites-y brunir légèrement les poires. Ajoutez 2 cuillerées à soupe de sirop d'érable et faites légèrement caraméliser les poires. Mettez-les dans un plat à rôtir et faites cuire 10 minutes dans un four préchauffé à 200 °C. Gardez-les au chaud.

Fouettez le reste du sirop d'érable avec le vinaigre, la moutarde, le gingembre, la sauge, du sel et du poivre dans un petit récipient, pour obtenir une sauce.

Placez les médaillons de porc sur un barbecue à température élevée et badigeonnez-les de sauce. Faites-les cuire 4 à 5 minutes de chaque côté, en les arrosant régulièrement de sauce.

Faites griller les petits pains au barbecue 1 minute de chaque côté. Garnissez chacun de mesclun, de 1 médaillon de porc et de poires grillées.

filet de porc glacé au sirop d'érable

Mélangez 1 cuillerée à soupe de sirop d'érable avec 2 cuillerées à soupe d'huile d'olive, 1 cuillerée à soupe de moutarde à l'ancienne, 2 cuillerées à café de coriandre moulue, du sel et du poivre. Badigeonnez 2 filets de porc de 400 g de ce mélange et laissez mariner 1 heure. Sortez-les de la marinade, coupez-les en deux en diagonale puis faites-les cuire 10 à 12 minutes au barbecue à température moyenne à élevée, en les retournant à mi-cuisson. Laissez reposer 5 minutes puis coupez-les en tranches et servez-les avec de la salade verte.

brochettes d'agneau et salade de tomates et olives

Pour **4 personnes**
Préparation **15 minutes**
+ réfrigération
Cuisson **6 à 8 minutes**

500 g de **gigot d'agneau** désossé, haché
1 petit **oignon** finement haché
1 gousse d'**ail** écrasée
1 c. à s. de **romarin** haché
6 **anchois à l'huile** égouttés et hachés
huile d'olive
sel et **poivre noir**

Salade de tomates et olives
6 **tomates mûres** coupées en quartiers
1 **oignon rouge** coupé en tranches
125 g d'**olives noires** dénoyautées
quelques feuilles de **basilic** coupées en lanières
2 c. à s. d'**huile d'olive vierge extra**
quelques gouttes de **jus de citron**
sel et **poivre noir**

Mettez l'agneau, l'oignon, l'ail, le romarin, les anchois, du sel et du poivre dans un récipient, et mélangez le tout avec les mains. Formez 12 saucisses de taille égale avec la préparation. Placez pour 30 minutes au réfrigérateur.

Enfilez les saucisses sur des brochettes en métal, badigeonnez-les légèrement d'huile d'olive et faites-les cuire 3 à 4 minutes de chaque côté au barbecue. Gardez au chaud.

Préparez la salade. Mélangez les tomates, l'oignon, les olives et le basilic dans un saladier, salez et poivrez. Arrosez d'huile d'olive et d'un peu de citron pressé. Servez les brochettes avec la salade.

souvlaki d'agneau

Détaillez en dés 750 g d'épaule d'agneau et mettez-les dans un récipient. Ajoutez 300 ml de vin rouge, 2 cuillerées à soupe de vinaigre de vin rouge, 1 oignon haché, 2 gousses d'ail hachées, 2 cuillerées à soupe d'origan séché, 1 cuillerée à soupe d'huile d'olive vierge extra, du sel et du poivre, et laissez mariner au moins 4 heures. Sortez les dés de viande de la marinade et enfilez-les sur des brochettes. Faites cuire au barbecue à température élevée 4 à 5 minutes de chaque côté et servez avec de la salade et du tzatziki.

burgers au bacon et aux champignons

Pour **4 personnes**
Préparation **15 minutes**
+ réfrigération
Cuisson **18 à 22 minutes**

750 g d'**épaule de porc** désossée, hachée
2 gousses d'**ail** écrasées
1 c. à s. de **thym** haché
2 c. à s. de **fécule de maïs**
1 **œuf** légèrement battu
huile en spray
4 gros **champignons de Paris** parés
4 tranches de **bacon** sans couenne
4 **pains au sésame** coupés en deux
2 **tomates mûres** coupées en rondelles
moutarde ou **mayonnaise** (facultatif)
sel et **poivre noir**
sauce tomate pour servir

Mettez le porc, l'ail, le thym, la fécule de maïs, l'œuf, du sel et du poivre dans un récipient et mélangez bien avec les mains. Formez 4 steaks de taille égale avec la préparation et placez-les pour 30 minutes au réfrigérateur.

Vaporisez d'un peu d'huile les steaks et faites-les cuire 5 à 6 minutes de chaque côté au barbecue à température élevée. Réservez au chaud. Faites cuire les champignons 2 à 3 minutes de chaque côté et le bacon 2 minutes de chaque côté sur le barbecue.

Placez les steaks sur les pains au sésame et garnissez-les de champignons, de bacon, de tomates et de moutarde ou de mayonnaise, si vous le souhaitez. Servez avec de la sauce tomate.

burgers végétariens aux champignons

Faites cuire 4 gros champignons de Paris comme ci-dessus et gardez-les au chaud. Faites cuire 2 tomates coupées en deux 30 secondes de chaque côté. Faites cuire 4 œufs dans un peu d'huile sur la plancha d'un barbecue à gaz, ou sur une poêle-gril sur un barbecue au charbon de bois. Garnissez 4 petits pains complets de champignons, de tomates grillées et d'œufs sur le plat, et servez avec des jeunes pousses d'épinard ainsi que 1 cuillerée de pesto (voir page 158).

sandwichs au porc et coleslaw

Pour **8 personnes**
Préparation **45 minutes** + marinade
Cuisson **1 heure** à **1 h 15**

1 kg d'**épaule de porc** désossée
2 c. à s. de **mélange d'épices barbecue** (voir page 194)
8 **petits pains ronds** au sésame coupés en deux

Coleslaw
250 g de **chou blanc** coupé en lamelles
175 g de **carottes** râpées
½ **oignon blanc** coupé en fines rondelles
1 c. à c. de **sel**
2 c. à c. de **sucre en poudre**
1 c. à s. de **vinaigre de vin blanc**
75 g de **mayonnaise**
poivre noir

Frottez l'intérieur du porc avec le mélange d'épices et laissez mariner pendant la nuit au réfrigérateur. Remettez le porc à température ambiante 1 heure avant de le cuire.

Préparez le coleslaw quand vous êtes prêt pour la cuisson. Mettez le chou, les carottes et l'oignon dans une passoire, puis saupoudrez de sel, de sucre et versez le vinaigre. Mélangez bien puis laissez s'égoutter 30 minutes au-dessus d'un récipient. Éliminez le surplus d'eau des légumes et mettez-les dans un grand saladier. Mélangez la mayonnaise avec la préparation au chou et assaisonnez de poivre selon votre goût. Réservez jusqu'à emploi.

Faites cuire le porc au barbecue à température moyenne en cuisson indirecte (voir page 12) pendant 1 heure à 1 h 15, jusqu'à ce qu'il soit tendre. Enveloppez-le de papier d'aluminium sans serrer et laissez reposer 15 minutes. Coupez-le en fines tranches et répartissez-le dans les pains, avec le coleslaw.

côtelettes de porc et pommes grillées

Salez et poivrez 4 côtelettes de porc de 250 g et faites-les cuire au barbecue à température moyenne à élevée pendant 4 à 5 minutes de chaque côté. Enveloppez-les de papier d'aluminium et laissez reposer 3 minutes. Coupez 2 pommes évidées en gros morceaux, vaporisez-les d'huile et faites-les griller 1 minute de chaque côté, jusqu'à ce qu'elles soient dorées. Servez les côtelettes avec les pommes grillées et une salade verte.

hot dogs à la pancetta et salsa rossa

Pour **4 personnes**
Préparation **15 minutes**
Cuisson **35 minutes**

6 tranches de **pancetta fumée**
12 petites **saucisses italiennes** ou **chipolatas**
1 gros **oignon** coupé en 8 quartiers épais
12 grandes feuilles de **laurier**

Salsa rossa
1 gros **poivron rouge**
1 c. à s. d'**huile d'olive vierge extra**
2 gousses d'**ail** écrasées
2 grosses **tomates mûres** épluchées et grossièrement hachées
½ c. à c. de **poivre de Cayenne**
1 c. à s. de **vinaigre de vin rouge**
sel et **poivre noir**

Préparez la salsa rossa. Faites cuire le poivron au barbecue à température élevée jusqu'à ce qu'il noircisse, puis enfermez-le dans un sac en plastique. Une fois qu'il est refroidi, épluchez-le, épépinez-le et hachez la chair.

Faites chauffer l'huile d'olive dans une casserole et faites revenir l'ail 3 minutes. Ajoutez les tomates et le poivre de Cayenne, puis laissez mijoter 15 minutes à petit feu. Incorporez la chair du poivron et le vinaigre, salez et poivrez, puis laissez mijoter encore 5 minutes pour que le surplus de liquide s'évapore. Mixez jusqu'à obtenir une consistance lisse, puis réservez.

Coupez les tranches de pancetta en deux en diagonale et enveloppez 1 saucisse dans chacune. Enfilez les saucisses sur 4 grandes brochettes en métal, en alternant avec les quartiers d'oignon et les feuilles de laurier, de façon que chaque brochette soit composée de 3 saucisses, 2 quartiers d'oignon et 3 feuilles de laurier. Faites cuire 5 minutes au barbecue. Servez avec la salsa rossa, réchauffée si nécessaire.

sandwichs au poulet grillé et à la salsa rossa

Coupez 2 filets de poulet en deux en diagonale, pour obtenir 4 filets fins, et assaisonnez bien. Faites cuire au barbecue à température élevée 4 à 5 minutes de chaque côté, puis laissez reposer 3 minutes. Faites légèrement griller 4 pains à hamburger et remplissez chacun de 1 filet de poulet, d'un peu de salsa rossa et de 25 g de roquette.

brochettes d'agneau mariné

Pour **6 personnes**
Préparation **15 minutes**
+ marinade
Cuisson **10 à 15 minutes**

375 g d'**agneau** haché
1 **oignon** finement haché
2 c. à c. de **jus de citron**
1 **œuf** battu
2 c. à s. de **farine**
2 c. à s. de **coriandre** hachée
½ c. à c. de **sel**
huile

Marinade
4 c. à s. de **yaourt nature**
1 c. à s. de **curry en poudre**
1 gousse d'**ail** écrasée

Pour garnir
oignon rouge émincé
poivron rouge émincé
1 c. à s. de **persil** haché
1 c. à c. de **paprika**
quartiers de **citron vert**

Mélangez tous les ingrédients sauf l'huile dans un grand récipient, jusqu'à homogénéité. Façonnez 6 petites saucisses de taille égale avec la préparation.

Préparez la marinade. Mélangez le yaourt, le curry et l'ail dans un plat. Enfilez les saucisses sur des brochettes en métal huilées et laissez-les mariner pendant 2 à 4 heures.

Sortez les brochettes de la marinade. Badigeonnez les saucisses d'huile et faites cuire 10 à 15 minutes au barbecue à température moyenne à élevée, en les retournant de temps en temps.

Servez chaud. Garnissez d'oignon, de poivron et de persil, saupoudrez de paprika et arrosez de jus de citron vert.

kebabs

Préparez et faites cuire les saucisses d'agneau comme ci-dessus, puis fourrez-en 6 pitas chaudes en ajoutant des lanières de laitue, des rondelles de tomate et de la sauce tahini (voir page 98).

brochettes de lotte aux crevettes

Pour **4 personnes**
Préparation **15 minutes**
+ trempage et marinade
Cuisson **4 à 6 minutes**

8 grands brins de **romarin**
500 g de **filets de lotte** coupés en 16 gros dés
16 **crevettes tigrées crues** décortiquées, déveinées
2 gousses d'**ail** écrasées
le **zeste** râpé et le **jus** de 1 **citron**
1 ½ c. à s. d'**huile d'olive vierge extra**
aïoli (voir page 122), avec 1 c. à s. de **jus de citron** ajoutée aux jaunes d'œufs
sel et **poivre noir**

Détachez les feuilles de romarin des brins (laissez-en quelques-unes à l'extrémité). Coupez l'autre extrémité des brins en biais pour obtenir une pointe. Laissez tremper les brins 30 minutes dans de l'eau froide. Hachez finement 1 cuillerée à soupe de romarin et réservez le reste pour une autre recette.

Enfilez les morceaux de lotte sur les brochettes de romarin, en alternant avec les crevettes ; il doit y avoir 2 dés de poisson et 2 crevettes sur chaque brochette. Placez-les dans un plat peu profond non métallique.

Mélangez le romarin haché, l'ail, le zeste de citron, du sel et du poivre noir avec l'huile d'olive, versez sur les brochettes et laissez mariner 1 heure. Faites cuire les brochettes 2 à 3 minutes de chaque côté au barbecue à température élevée. Versez le jus de citron dessus et servez avec l'aïoli au citron.

lotte grillée en robe de jambon de Parme

Enveloppez 4 filets de lotte de 200 g chacun dans 4 grandes tranches de jambon de Parme et faites tenir avec des piques à cocktail. Badigeonnez d'huile et faites cuire 5 à 6 minutes au barbecue à température élevée, en retournant à mi-cuisson. Laissez reposer 5 minutes, puis servez avec l'aïoli et une salade de roquette.

brochettes d'espadon, sauce tahini

Pour **4 personnes**
Préparation **20 minutes**
+ trempage et marinade
Cuisson **4 à 6 minutes**

2 c. à c. de **curcuma moulu**
1 c. à c. de **cannelle moulue**
le **zeste** râpé de 1 **citron**
2 c. à s. d'**huile d'olive vierge extra**
1 kg de **steaks d'espadon** détaillés en dés
8 **tortillas de blé** de 23 cm de diamètre
100 g de **mesclun**
4 **tomates mûres** coupées en quartiers
quelques feuilles de **menthe**
sel et **poivre noir**

Sauce tahini
150 g de **yaourt à la grecque**
2 c. à c. de **tahini**
1 c. à c. de **jus de citron**
1 petite gousse d'**ail** écrasée
sel et **poivre noir**

Laissez tremper 8 doubles brochettes en bambou (ou des brochettes en bambou classiques si vous préférez) dans de l'eau froide pendant 30 minutes. Mélangez le curcuma, la cannelle, le zeste de citron, l'huile d'olive, du sel et du poivre dans un récipient peu profond. Enrobez les dés d'espadon de ce mélange, laissez-les mariner 15 minutes, puis enfilez-les sur les brochettes. Faites cuire au barbecue à température élevée pendant 2 à 3 minutes de chaque côté.

Mélangez les ingrédients de la sauce tahini dans un bol. Assaisonnez de sel et de poivre.

Disposez la moitié des tortillas sur des assiettes et répartissez la moitié du mesclun, des tomates et de la menthe. Ajoutez 1 brochette d'espadon et un peu de sauce tahini. Repliez les tortillas sur la garniture et mettez-les sur un côté des assiettes. Répétez l'opération avec le reste des tortillas et de la garniture, puis servez.

sandwichs à l'espadon grillé

Salez et poivrez 4 steaks d'espadon de 200 g chacun puis faites-les cuire au barbecue 1 minute à 1 minute 30 de chaque côté. Faites légèrement griller 8 tranches de pain au levain. Disposez sur la moitié d'entre elles 1 steak d'espadon, de la roquette et un peu de pesto (voir page 158), puis recouvrez du reste des tranches de pain et servez.

brochettes de gambas

Pour **4 personnes**
Préparation **10 minutes**
+ marinade
Cuisson **26 à 31 minutes**

12 **gambas** décongelées si elles sont surgelées, décortiquées mais avec la queue, et déveinées
175 g de **riz à long grain**
175 g de **petits pois** surgelés
8 tranches de **bacon sans couenne** coupées en deux dans la longueur et roulées
50 g de **beurre**
125 g de **champignons** parés et coupés en tranches
sel et **poivre noir**

Marinade au balsamique
5 c. à s. d'**huile d'olive**
2 c. à s. de **vinaigre balsamique**
2 c. à s. d'**origan** ou de **marjolaine**, haché
2 gousses d'**ail** écrasées
poivre noir

Mélangez tous les ingrédients de la marinade dans un récipient peu profond. Ajoutez les gambas et enrobez-les du mélange. Couvrez et laissez mariner 1 heure.

Faites cuire le riz dans une grande casserole d'eau bouillante salée, 12 à 15 minutes. Égouttez-le. Faites cuire les petits pois dans une autre casserole d'eau frémissante salée, pendant 5 minutes. Égouttez-les.

Égouttez les gambas en réservant la marinade, et enfilez-les sur 4 brochettes en métal, en alternant avec les rouleaux de bacon. Faites-les cuire 6 à 8 minutes au barbecue à température élevée, en les retournant plusieurs fois.

Faites fondre le beurre dans une casserole et faites revenir les champignons 3 minutes à petit feu.

Incorporez le riz et les petits pois dans la casserole et assaisonnez. Dressez sur un plat de service chaud. Disposez les brochettes sur le riz puis servez.

brochettes de poissons à la menthe

Faites mariner 250 g de lotte et 250 g de saumon détaillés en dés dans une marinade au yaourt et au citron vert (voir page 186) pendant 30 minutes. Sortez les dés de poisson de la marinade et enfilez-les sur des brochettes en bambou préalablement trempées dans de l'eau. Faites cuire 3 à 4 minutes de chaque côté au barbecue à température moyenne à élevée. Servez avec du riz aux petits pois comme ci-dessus.

brochettes de poulet satay

Pour **4 personnes**
Préparation **10 minutes**
+ trempage et marinade
Cuisson **4 à 6 minutes**

4 **filets de poulet** sans peau, de 125 g chacun, coupés en trois dans la longueur
coriandre hachée pour garnir

Marinade
4 c. à s. de **sauce soja**
4 c. à s. de **jus de citron vert**
1 gousse d'**ail** écrasée
1 c. à c. de **curry en poudre**
1 c. à c. de **beurre de cacahuète**
1 pincée de **flocons de piment**

Sauce satay
1 c. à s. de **beurre de cacahuète**
2 c. à s. de **jus de citron vert**
1 c. à c. de **curry en poudre**
1 gousse d'**ail** écrasée
4 c. à s. d'**eau**

Laissez tremper 12 brochettes en bambou dans de l'eau froide pendant 30 minutes. Mettez tous les ingrédients de la marinade dans un plat peu profond et mélangez jusqu'à homogénéité.

Enfilez les morceaux de poulet sur les brochettes. Placez-les dans le plat avec la marinade, enrobez-les bien et laissez mariner jusqu'à 2 heures à température ambiante.

Mélangez tous les ingrédients de la sauce satay dans un petit bol.

Faites cuire les brochettes au barbecue à température élevée pendant 2 à 3 minutes de chaque côté. Garnissez de coriandre hachée et servez avec la sauce satay pour les tremper.

brochettes de bœuf satay

Coupez 500 g de filet de bœuf en lanières et enfilez en zigzag sur 12 brochettes préalablement trempées dans de l'eau. Laissez mariner dans la sauce satay comme ci-dessus, puis faites cuire au barbecue à température élevée pendant 2 à 3 minutes de chaque côté. Servez avec de la sauce nam jim (voir page 112).

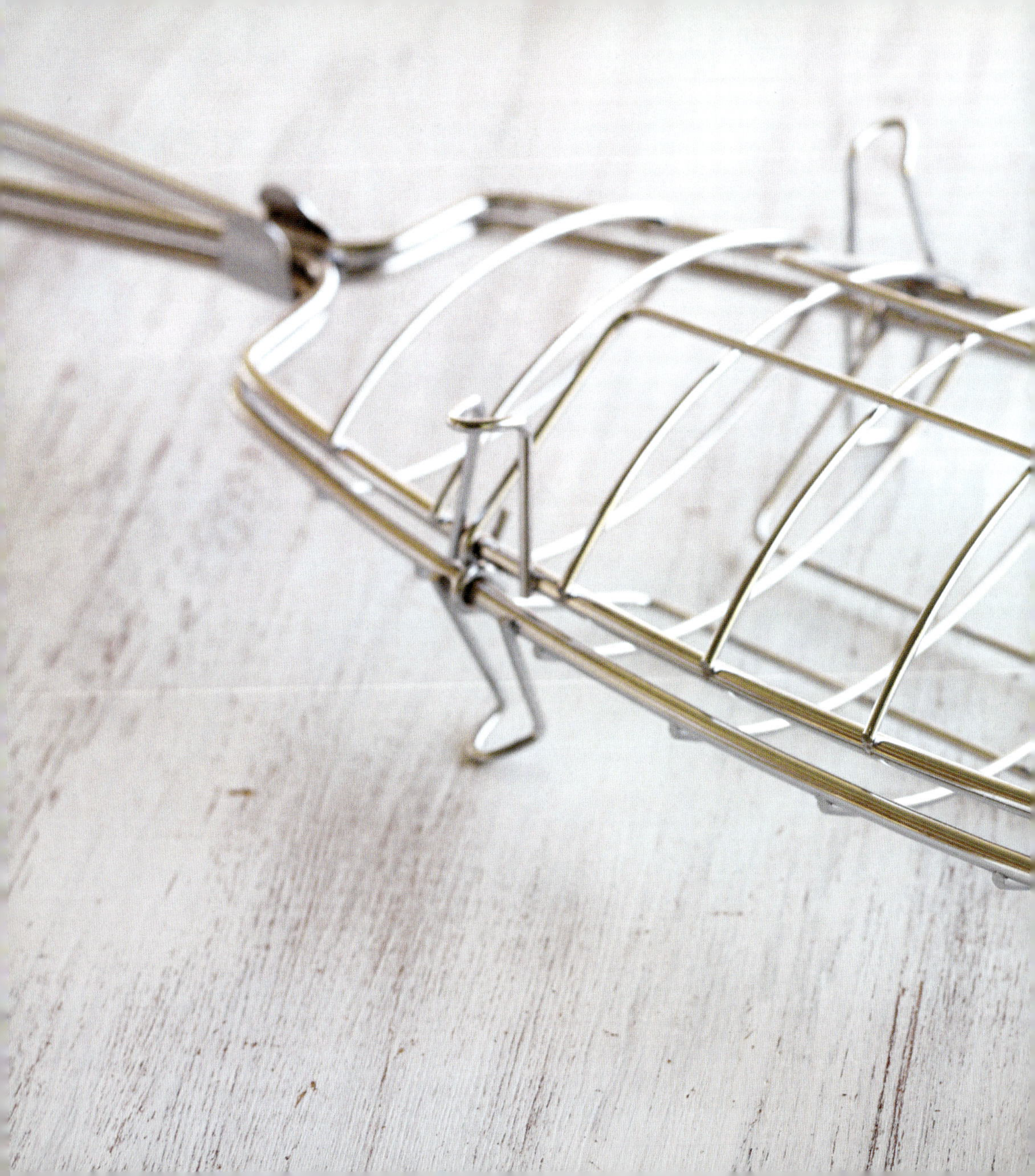

poissons & fruits de mer

saumon à la marocaine

Pour **4 personnes**
Préparation **20 minutes**
+ marinade
Cuisson **7 à 9 minutes**

4 **filets de saumon** de 200 g chacun
150 ml de **pâte épicée marocaine** (voir page 190)
huile en spray

Salade fattouche
1 **poivron vert** épépiné et coupé en dés
1 petit **concombre** coupé en dés
2 **tomates mûres** coupées en dés
½ **oignon rouge** finement haché
2 c. à s. de **persil** haché
2 c. à s. de **coriandre** hachée
2 **grands pains plats**
3 c. à s. d'**huile d'olive vierge extra**
1 c. à s. de **jus de citron**
sel et **poivre noir**

Après avoir ôté les petites arêtes des filets de saumon avec une pince à épiler, mettez-les dans un plat en céramique. Ajoutez la pâte épicée et frottez-en le poisson. Laissez mariner 2 à 4 heures.

Préparez la salade. Mélangez le poivron, le concombre, les tomates, l'oignon et les herbes dans un saladier. Faites griller les pains plats 30 secondes de chaque côté au barbecue à température élevée, laissez-les refroidir légèrement puis détaillez-les en morceaux de la taille d'une bouchée. Ajoutez-les dans le saladier, avec l'huile d'olive et le jus de citron. Assaisonnez et remuez bien.

Sortez les filets de saumon du plat, vaporisez-les d'un peu d'huile et faites-les cuire sur le barbecue chaud pendant 3 à 4 minutes de chaque côté. Laissez reposer brièvement puis servez avec la salade.

saumon en robe de prosciutto

Enveloppez 4 filets de saumon de 200 g chacun, sans peau, dans 4 tranches de prosciutto, en faisant tenir avec une pique à cocktail. Faites cuire 3 à 4 minutes de chaque côté au barbecue à température élevée, laissez reposer brièvement puis servez avec de la salsa rossa (voir page 92).

rougets barbets en feuilles de vigne

Pour **4 personnes**
Préparation **20 minutes**
Cuisson **8 à 10 minutes**

6 c. à s. d'**huile d'olive**
2 c. à s. de **jus de citron**
2 c. à s. d'**aneth** haché
2 **oignons nouveaux** hachés
1 c. à c. de **moutarde**
8 **feuilles de vigne en saumure** égouttées
4 **rougets barbets** de 350 g chacun, écaillés et vidés
4 feuilles de **laurier**
4 brins d'**aneth** + un peu pour décorer
sel et **poivre noir**

Faites tremper 4 morceaux de ficelle de 30 cm dans de l'eau froide pendant 10 minutes.

Mélangez dans un saladier l'huile d'olive, le jus de citron, l'aneth, les oignons nouveaux, la moutarde, du sel et du poivre. Lavez et séchez les feuilles de vigne, et disposez-les par deux sur le plan de travail, de façon à ce qu'elles se chevauchent.

Faites plusieurs incisions de chaque côté des rougets et frottez-les avec le mélange à l'huile et au citron sur toute leur surface. Mettez 1 feuille de laurier et 1 brin d'aneth dans chaque poisson. Enveloppez chacun dans 2 feuilles de vigne. Badigeonnez d'un peu de mélange à l'huile et au citron et faites tenir les feuilles en place avec la ficelle mouillée.

Faites cuire les poissons 4 à 5 minutes de chaque côté au barbecue à température élevée, en badigeonnant avec du mélange à l'huile et au citron. Laissez reposer quelques minutes, puis jetez la ficelle et les feuilles de vigne et assaisonnez du reste du mélange à l'huile et au citron. Garnissez de 1 brin d'aneth et servez avec de la salade de tomates et olives (voir page 86).

fromage de chèvre en feuille de vigne

Coupez 1 bûche de chèvre de 250 g en 8 tranches épaisses. Disposez 1 tranche au centre de chaque feuille de vigne lavée et séchée et enveloppez-la en faisant tenir avec de la ficelle de cuisine. Faites fondre le fromage 2 à 3 minutes de chaque côté au barbecue à température élevée. Servez sur des tranches de baguette grillées.

papillotes palourdes-noix de coco

Pour **4 personnes**
Préparation **10 minutes**
+ trempage
Cuisson **8 minutes**

- 2 kg de **palourdes fraîches**
- 2 gousses d'**ail** hachées
- 2 c. à c. de **gingembre frais** épluché et râpé
- 1 gros **piment rouge** épépiné et finement haché
- 8 **feuilles de combava** coupées en morceaux
- 1 tige de **citronnelle** écrasée et grossièrement hachée
- 200 ml de **crème de coco** en brique
- le **jus** de 1 **citron vert**
- 1 c. à s. de **vergeoise**
- **coriandre** hachée pour garnir
- **pain croustillant** pour servir

Faites tremper les palourdes dans une grande quantité d'eau froide pendant 1 heure, puis égouttez-les. Lavez-les et frottez les coquilles si elles sont sales. Placez 4 grands morceaux de papier d'aluminium sur le plan de travail et disposez un quart des palourdes au centre de chacun. Recouvrez chaque tas de 1 quart de l'ail, du gingembre, du piment, des feuilles de combava et de la citronnelle, et relevez les bords du papier d'aluminium pour former des petites corbeilles.

Mélangez la crème de coco, le jus de citron vert et la vergeoise, puis versez un quart de la préparation obtenue dans chaque corbeille. Fermez les papillotes et faites-les cuire au barbecue à température élevée pendant 8 minutes. Dressez-les sur 4 assiettes, garnissez de coriandre et servez avec du pain croustillant.

papillotes de palourdes au beurre à l'ail et à la ciboulette

Mélangez 125 g de beurre ramolli, 1 gousse d'ail écrasée, 2 cuillerées à soupe de ciboulette ciselée et du poivre noir. Répartissez les palourdes dans des corbeilles en aluminium comme ci-dessus, et versez 2 cuillerées à soupe de vin blanc sec dans chacune. Ajoutez quelques morceaux de beurre aromatisé puis fermez les papillotes. Faites cuire comme ci-dessus et servez avec du pain croustillant.

saint-jacques à la sauce nam jim

Pour **4 personnes**
Préparation **5 minutes**
Cuisson **3 minutes**

24 **noix de Saint-Jacques** dans leur demi-coquille, ou décoquillées

Sauce nam jim
2 gros **piments rouges** épépinés et grossièrement hachés
2 gousses d'**ail** hachées
1 pincée de **sel**
1 c. à s. de **coriandre** hachée
25 g de **sucre de palme** râpé
1 c. à s. de **sauce de poisson thaïe**
2 c. à s. de **jus de citron vert** fraîchement pressé

Commencez par préparer la sauce. Pilez les piments, l'ail et le sel dans un mortier pour former une pâte grossière. Transvasez-la dans un bol et incorporez la coriandre, le sucre de palme, la sauce de poisson et le jus de citron vert, puis remuez jusqu'à ce que le sucre soit dissous.

Détachez les noix de Saint-Jacques de leur coquille avec un petit couteau. Disposez les noix sur un barbecue à température élevée et faites cuire 3 minutes, puis placez-les sur des assiettes et recouvrez chacune de 1 cuillerée de sauce. Servez chaud.

Si vous préférez, enfilez les noix de Saint-Jacques décoquillées sur des brochettes en bambou préalablement trempées 30 minutes dans de l'eau froide, puis faites-les cuire 1 minute de chaque côté. Servez avec la sauce.

noix de Saint-Jacques et salsa de citron confit

Mélangez 25 g de citron confit coupé en dés, 25 g de tomates semi-séchées coupées en dés, 2 oignons nouveaux émincés, 1 cuillerée à soupe de basilic haché, 4 cuillerées à soupe d'huile d'olive vierge extra, du sel et du poivre. Faites cuire les noix de Saint-Jacques comme ci-dessus et recouvrez-les de salsa de citron confit avant de servir.

calamars grillés et confiture de piment

Pour **4 personnes**
Préparation **15 minutes**
+ refroidissement
et marinade
Cuisson **50 minutes**

1 kg de **calamars** nettoyés
2 à 4 gousses d'**ail** écrasées
1 c. à s. de **sel de mer**
1 c. à s. de **vergeoise**
quartiers de **citron vert** pour garnir

Confiture de piment
4 **piments thaïs**
500 g de **tomates** coupées en morceaux
2 gousses d'**ail** écrasées
175 g de **vergeoise**
125 ml de **vinaigre de vin rouge**
sel et **poivre noir**

Mettez tous les ingrédients pour la confiture de piment dans une casserole, portez à ébullition et laissez mijoter 45 minutes, jusqu'à ce que le mélange épaississe et prenne l'aspect d'une confiture. Laissez refroidir complètement.

Séparez les tentacules du corps des calamars en coupant au niveau du bec. Retirez ensuite la plume (cartilage transparent) du corps, s'il y en a une.

Coupez les corps en deux dans la longueur, puis encore une fois en diagonale. Incisez l'intérieur en croisillons avec un couteau tranchant. Placez les morceaux de calamar dans un récipient. Ajoutez l'ail, le sel et le sucre, frottez bien puis laissez mariner 15 minutes.

Faites cuire les calamars au barbecue à température élevée pendant 1 à 2 minutes, garnissez de quartiers de citron vert et servez avec la confiture de piments.

calamars pimentés

Préparez une sauce piri-piri (voir page 198). Prenez 8 corps de calamar de taille moyenne et coupez-les en deux dans la longueur. Incisez-les comme ci-dessus, badigeonnez-les d'huile, salez et poivrez. Faites cuire 1 à 2 minutes de chaque côté au barbecue à température élevée, puis mettez-les sur une planche à découper et détaillez-les en petits morceaux. Arrosez de sauce piri-piri avant de servir.

crevettes à la sauce asiatique

Pour **4 personnes**
Préparation **10 minutes** + marinade
Cuisson **6 minutes**

24 grosses **crevettes** crues décortiquées, déveinées

Marinade
4 c. à s. d'**huile d'olive**
2 gousses d'**ail** coupées en tranches
2 c. à c. de **gingembre frais** épluché et râpé
1 **piment rouge fort** épépiné et coupé en tranches
4 **feuilles de combava** coupées en morceaux
1 tige de **citronnelle** émincée
2 c. à s. de **sauce de poisson thaïe**
2 c. à s. de **jus de citron vert**
4 c. à c. de **vergeoise**
sel et **poivre noir**

Pour garnir
1 c. à s. de **coriandre** hachée
1 c. à s. de **menthe** hachée
1 c. à s. de **basilic thaï** haché
1 gros **piment rouge** épépiné et coupé en tranches

Mélangez tous les ingrédients de la marinade dans un plat non métallique. Ajoutez les crevettes et remuez bien, puis laissez mariner 30 minutes. Faites tremper 24 petites brochettes en bambou dans de l'eau froide pendant 30 minutes.

Enfilez 1 crevette sur chaque brochette et versez la marinade dans une petite casserole.

Faites cuire les crevettes au barbecue à température élevée 2 minutes de chaque côté, puis disposez-les sur un plat. Faites chauffer la marinade jusqu'à ébullition puis versez-la sur les crevettes. Garnissez avec les herbes et les tranches de piment avant de servir.

salade à l'asiatique

Mettez 125 g de mesclun dans un saladier. Ajoutez 1 carotte finement râpée, ½ concombre épépiné et coupé en fines rondelles, et 50 g de pousses de soja. Fouettez 2 cuillerées à soupe d'huile d'olive vierge extra avec 2 cuillerées à café de sauce soja claire, 1 cuillerée à café de jus de citron vert et 1 cuillerée à café de miel liquide. Versez cette sauce sur la salade et remuez.

bar à l'aïoli au citron vert

Pour **4 personnes**
Préparation **30 minutes**
Cuisson **20 à 25 minutes**

4 grosses **pommes de terre** brossées et coupées en fines rondelles
4 c. à s. d'**huile d'olive**
4 **filets de bar** de 175 à 200 g chacun
sel et **poivre noir**

Aïoli au citron vert
4 à 6 gousses d'**ail** écrasées
2 **jaunes d'œufs**
le **jus** et le **zeste** finement râpé de 2 **citrons verts**
300 ml d'**huile d'olive vierge extra**
sel et **poivre noir**

Pour garnir
rondelles de **citron vert** grillées
ciboulette ciselée

Pour l'aïoli, mixez brièvement l'ail, les jaunes d'œufs et le jus de citron vert. Ajoutez progressivement l'huile d'olive en filet fin et régulier, tout en mixant, jusqu'à la formation d'une crème épaisse. Versez dans un bol et incorporez le zeste de citron vert. Salez et poivrez. Réservez.

Badigeonnez les pommes de terre d'huile d'olive. Salez et poivrez, puis faites-les cuire 8 à 10 minutes de chaque côté au barbecue à température élevée. Retirez-les du barbecue et gardez-les au chaud.

Incisez les filets de bar, badigeonnez-les du reste de l'huile et faites-les cuire 3 à 4 minutes sur le barbecue, côté peau vers le bas, en les retournant 1 fois. Servez le poisson avec les pommes de terre et l'aïoli, et garnissez de rondelles de citron vert grillées et de ciboulette.

papillotes de bar au soja et au gingembre

Disposez 4 filets de bar de 200 g chacun au centre de 4 grands carrés de papier d'aluminium. Recouvrez chacun de quelques rondelles d'oignon nouveau, de lamelles de gingembre, de 1 tranche d'ail et de 1 étoile d'anis.

Mélangez 1 cuillerée à soupe de sauce soja foncée avec le jus de ½ citron vert, 2 cuillerées à soupe de vin de riz (ou de xérès sec) et 2 cuillerées à café d'huile de sésame. Répartissez la sauce obtenue entre les filets de poisson. Fermez les papillotes et faites cuire 5 minutes au barbecue à température élevée. Laissez reposer 5 minutes avant de servir avec du riz cuit à la vapeur.

thon grillé et salsa de mangue

Pour **4 personnes**
Préparation **10 minutes**
+ marinade
Cuisson **2 minutes**

4 **steaks de thon** de 250 g chacun
1 c. à s. d'**huile d'olive vierge extra**
2 c. à s. de **grains de poivre noir** fraîchement concassés
1 c. à c. de **sel**
rondelles de **citron vert** pour garnir

Salsa de mangue
1 grosse **mangue** de 500 g détaillée en dés
½ **oignon rouge** finement haché
1 gros **piment rouge** épépiné et finement haché
1 c. à s. de **jus de citron vert**
2 c. à s. de **coriandre** hachée
sel et **poivre noir**

Préparez la salsa de mangue en mélangeant tous les ingrédients dans un saladier. Assaisonnez selon votre goût. Laissez reposer pour que les saveurs se développent.

Badigeonnez les steaks de thon d'un peu d'huile d'olive et assaisonnez avec le poivre et le sel. Faites-les cuire 1 minute environ de chaque côté (ou un peu moins, selon les goûts) au barbecue à température élevée. Laissez reposer un instant puis servez avec la salsa et garnissez de rondelles de citron vert.

burgers de thon grillé

Faites griller 4 steaks de thon de 250 g chacun assaisonnés, en suivant la méthode ci-dessus, arrosez de jus de citron et laissez reposer un instant. Faites griller 4 tranches de pain au barbecue 1 minute de chaque côté, puis frottez-les avec l'ail épluché et arrosez-les d'huile d'olive vierge extra. Déposez 1 steak de thon sur chaque tranche de pain et garnissez de roquette, de rondelles de tomate et d'un peu d'aïoli (voir page 122).

crevettes au sel et aïoli

Pour **4 personnes**
Préparation **10 minutes**
Cuisson **4 à 6 minutes**

24 grosses **crevettes** crues
2 c. à s. d'**huile d'olive vierge extra**
2 c. à s. de **sel de mer**

Aïoli
3 **jaunes d'œufs**
2 c. à c. de **vinaigre de vin blanc**
1 c. à c. de **moutarde de Dijon**
2 à 4 gousses d'**ail** écrasées
300 ml d'**huile d'olive**
sel et **poivre blanc**

Mettez les crevettes dans un grand saladier, ajoutez l'huile d'olive et le sel, et remuez bien pour que les crevettes soient légèrement enrobées de sel.

Préparez l'aïoli : mixez brièvement les jaunes d'œufs, le vinaigre, la moutarde, l'ail, du sel et du poivre dans un robot de cuisine, jusqu'à ce que le mélange soit mousseux. Ajoutez progressivement l'huile dans la cheminée, tout en mixant, jusqu'à ce que la sauce soit épaisse et brillante. Allongez avec un peu d'eau bouillante si elle est trop épaisse. Ajustez l'assaisonnement selon votre goût.

Faites cuire les crevettes 2 à 3 minutes de chaque côté au barbecue à température élevée. Servez-les avec l'aïoli pour les tremper.

crevettes grillées et beurre au piment et à l'ail

Décortiquez et déveinez 24 grosses crevettes, et enfilez-les sur des brochettes en bambou préalablement trempées dans de l'eau. Vaporisez-les d'un peu d'huile et faites-les cuire au barbecue à température élevée pendant 3 à 4 minutes. Arrosez d'un peu de jus de citron pressé. Mettez 1 gros piment rouge épépiné et haché, 2 gousses d'ail écrasées et 125 g de beurre dans une casserole et faites chauffer à petit feu 3 minutes environ, jusqu'à ce que le beurre soit fondu et l'ail tendre. Servez le beurre en guise de sauce pour les crevettes.

espadon et salade de haricots aux noix

Pour **4 personnes**
Préparation **15 minutes**
Cuisson **6 minutes**

4 **steaks d'espadon** de 200 g chacun
huile d'olive vierge extra
2 c. à s. de **crème de vinaigre balsamique**
sel et **poivre noir**

Salade de haricots
250 g de **haricots verts fins** parés
250 g de **haricots jaunes** parés
50 g de **noix** grillées
2 c. à s. de **persil** grossièrement haché
2 c. à s. de **menthe** grossièrement hachée
sel et **poivre noir**

Vinaigrette
3 c. à s. d'**huile de noix**
1 c. à s. d'**huile d'olive vierge extra**
1 c. à s. de **vinaigre de xérès**
1 c. à c. de **sucre en poudre**
1 petite gousse d'**ail** écrasée
sel et **poivre noir**

Frottez les steaks d'espadon avec de l'huile d'olive, salez et poivrez.

Préparez la salade. Faites cuire les haricots dans une casserole d'eau bouillante légèrement salée pendant 3 minutes, égouttez bien et rafraîchissez à l'eau froide. Séchez avec du papier absorbant. Mettez les haricots dans un saladier et ajoutez les noix et les herbes, un peu de sel et de poivre.

Fouettez les ingrédients de la vinaigrette dans un bol et assaisonnez de sel et de poivre. Versez sur la salade et remuez.

Faites cuire les steaks d'espadon 1 minute à 1 minute 30 de chaque côté au barbecue à température élevée. Enveloppez-les de papier d'aluminium sans serrer et laissez reposer 3 minutes. Dressez l'espadon sur des assiettes, arrosez de crème de vinaigre balsamique et servez avec la salade de haricots.

crème de vinaigre balsamique

Versez 500 ml de vinaigre balsamique bon marché dans une casserole et portez à ébullition. Laissez frémir 10 à 15 minutes, jusqu'à ce que le vinaigre ait réduit de trois quarts environ. Laissez refroidir. Conservez dans une bouteille propre.

queues de homard au beurre et aïoli

Pour **4 personnes**
Préparation **20 minutes**
Cuisson **14 à 16 minutes**

50 g de **beurre**
4 **queues de homard** crues
2 c. à s. d'**huile à l'ail et au safran** (voir ci-dessous)
1 c. à s. de **ciboulette** ciselée
aïoli (voir page 122), avec ½ c. à s. de **jus de citron** ajoutée aux œufs
rubans de **concombre** faits avec un épluche-légumes

Pour garnir
le **zeste** finement râpé de 1 **citron**
2 c. à s. de **cerfeuil** haché

Mettez des morceaux de beurre sur les queues de homard et arrosez d'huile à l'ail et au safran. Faites cuire les queues de homard 7 à 8 minutes de chaque côté au barbecue à température élevée.

Incorporez la ciboulette dans l'aïoli. Parsemez le homard de zeste de citron et de cerfeuil haché, et servez immédiatement avec les rubans de concombre et l'aïoli.

huile à l'ail et au safran

Peut aussi être utilisée pour des bruschettas italiennes express.
Faites chauffer très doucement 500 ml d'huile d'olive vierge extra dans une casserole, avec 10 à 12 gousses d'ail et 1 cuillerée à café de filaments de safran (l'huile ne doit pas devenir trop chaude). Retirez la casserole du feu et laissez refroidir complètement, puis versez l'huile avec l'ail et le safran dans une bouteille propre et fermez-la bien. Laissez reposer 2 semaines dans un endroit frais, puis utilisez-la telle quelle, ou bien passez-la au tamis pour empêcher le développement de bactéries nocives et versez-la dans une bouteille propre. Elle se conserve jusqu'à 6 mois.

saumon aux olives et aux agrumes

Pour **4 personnes**
Préparation **5 minutes**
Cuisson **8 à 10 minutes**

4 **filets de saumon** de 200 g chacun
12 grosses **olives noires** dénoyautées et coupées en deux
12 **tomates cerises** coupées en deux
4 c. à s. d'**huile d'olive vierge extra**
2 quartiers de **citron confit** émincés
2 c. à c. de **miel liquide**
sel et **poivre noir**
persil haché pour garnir

Ôtez les petites arêtes des filets de saumon à l'aide d'une pince à épiler. Disposez les filets sur 4 grands morceaux de papier d'aluminium et recouvrez chacun de 1 quart des olives, des tomates, de l'huile d'olive, du citron confit et du miel. Assaisonnez de sel et de poivre, et fermez hermétiquement les papillotes.

Faites cuire les papillotes au barbecue à température élevée pendant 8 à 10 minutes, puis laissez-les reposer un instant. Ouvrez-les avec précaution, garnissez de persil haché et servez avec une salade de couscous (voir page 156).

papillotes de cabillaud au soja, au gingembre et au sésame

Disposez 4 filets de cabillaud sur du papier d'aluminium comme ci-dessus, en remontant légèrement les bords pour former des corbeilles. Ajoutez 1 cuillerée à soupe de xérès sec, 1 cuillerée à soupe de sauce soja foncée, un peu de gingembre frais râpé, un peu d'ail émincé et 1 cuillerée à café d'huile de sésame dans chacune. Fermez les papillotes et faites cuire comme ci-dessus. Servez avec du riz nature bouilli.

saumon au genièvre et au poivre

Pour **6 personnes**
Préparation **10 minutes**
+ marinade
Cuisson **8 à 10 minutes**

6 **filets de saumon** de 200 g chacun
feuilles de **laitue frisée** pour servir

Marinade au genièvre et au poivre
1 ½ c. à s. de **baies de genièvre séchées**
2 c. à c. de **grains de poivre vert séchés**
¼ de c. à c. de **grains de poivre noir**
1 c. à c. de **sucre demerara**
2 à 3 c. à s. d'**huile**

Pour garnir
quartiers de **citron**
brins de **persil**
2 **oignons nouveaux** coupés en fines lamelles

Préparez la marinade. Pilez grossièrement les baies de genièvre et les grains de poivre dans un moulin à épices, ou avec un mortier et un pilon. Mélangez avec le sucre et l'huile.

Ôtez les petites arêtes des filets de saumon à l'aide d'une pince à épiler. Badigeonnez les filets de marinade et laissez mariner 1 heure à température ambiante.

Enveloppez chaque filet de saumon dans un morceau de papier d'aluminium et fermez bien les papillotes. Faites cuire 8 à 10 minutes au barbecue à température élevée, puis laissez reposer un instant. Sortez le saumon des papillotes et dressez-le sur des assiettes. Garnissez de quartiers de citron, de brins de persil et d'oignon nouveau, et servez avec de la laitue frisée.

filet de porc au genièvre et au poivre

Préparez la marinade comme ci-dessus et mettez-la dans un plat peu profond. Parez 4 filets de porc de 200 g chacun et enrobez-les de marinade. Couvrez et placez pour 2 heures au réfrigérateur. Sortez le porc de la marinade et faites-le cuire 12 à 15 minutes au barbecue à température moyenne à élevée, jusqu'à ce qu'il soit uniformément bruni. Laissez reposer 5 minutes, puis servez avec une salade d'épinards (voir page 60).

maquereaux et salade de fenouil

Pour **4 personnes**
Préparation **10 minutes**
Cuisson **8 à 10 minutes**

4 **maquereaux** de 400 g chacun
huile en spray
3 **citrons** coupés en fines rondelles + 2 c. à s. de **jus de citron**
1 bulbe de **fenouil** paré et coupé en fines tranches, feuilles réservées
1 petite gousse d'**ail** écrasée
2 c. à s. de **câpres** égouttées
2 c. à s. d'**huile d'olive vierge extra**
1 c. à s. de **persil** haché
sel et **poivre noir**

Incisez chaque maquereau 3 ou 4 fois de chaque côté avec un couteau tranchant. Vaporisez un peu d'huile, puis salez et poivrez l'intérieur et l'extérieur des poissons. Attachez 3 rondelles de citron de chaque côté des maquereaux avec de la ficelle de cuisine. Vaporisez d'un peu d'huile et faites cuire au barbecue à température élevée 4 à 5 minutes de chaque côté. Laissez reposer 5 minutes.

Mettez le fenouil dans un saladier, avec l'ail, les câpres, l'huile d'olive, le persil, les feuilles de fenouil et le jus de citron, et assaisonnez selon votre goût. Servez les maquereaux avec la salade de fenouil.

sardines grillées et salsa verde

Préparez 20 sardines moyennes en suivant la méthode ci-dessus et faites-les cuire 3 à 4 minutes de chaque côté au barbecue à température élevée. Arrosez de jus de citron pressé et servez avec une salsa verde (voir page 48).

plats végétariens

maïs et sel au piment

Pour **6 personnes**
Préparation **5 minutes**
Cuisson **25 minutes**

6 **épis de maïs** effeuillés et ébarbés
2 c. à s. de **sel de mer**
½ c. à c. de **flocons de piment**
65 g de **beurre**
1 **citron vert** coupé en quartiers, pour servir

Faites blanchir les épis de maïs en 2 fois dans une grande casserole d'eau bouillante, pendant 10 minutes. Égouttez-les et séchez-les avec du papier absorbant. Faites cuire les épis 5 à 6 minutes au barbecue à température élevée, en les retournant souvent, jusqu'à ce qu'ils soient tendres.

Pilez le sel et les flocons de piment dans un mortier, jusqu'à ce que le sel soit couleur rouille.

Mettez les épis de maïs sur des assiettes et recouvrez de beurre, saupoudrez de sel au piment et garnissez de quartiers de citron vert.

salsa de maïs grillé

Faites cuire 1 épi de maïs au barbecue comme ci-dessus, puis égrenez-le avec un couteau tranchant. Mettez les grains dans un saladier et, quand ils sont froids, incorporez 2 oignons nouveaux émincés, 1 tomate épépinée et hachée, 1 gros piment rouge épépiné et émincé, 1 gousse d'ail écrasée, le jus de ½ citron vert, 2 cuillerées à soupe de coriandre hachée, du sel et du poivre.

patates douces à la moutarde et au thym

Pour **6 personnes**
Préparation **5 minutes**
Cuisson **40 minutes**

6 **patates douces** de 250 g chacune, brossées

Beurre à la moutarde et au thym
125 g de **beurre** ramolli
1 c. à s. de **moutarde à l'ancienne**
1 c. à c. de **thym** haché
poivre noir

Enveloppez chaque patate douce dans une double couche de papier d'aluminium et placez-les sur la plancha d'un barbecue à gaz. Vous pouvez aussi les répartir, avec des pinces, au milieu du charbon chaud sur un barbecue au charbon de bois, en plaçant certains morceaux sur les patates douces. Faites cuire 40 minutes.

Préparez le beurre. Mettez le beurre, la moutarde, le thym et du poivre dans un bol, et écrasez avec une fourchette pour bien mélanger les ingrédients. Réservez.

Retirez les patates douces du barbecue (en utilisant des pinces) et enlevez avec précaution le papier d'aluminium, avec des gants de cuisine. Coupez-les en deux et recouvrez-les de beurre avant de servir.

quartiers de patate douce grillés

Coupez 4 petites patates douces en quartiers et badigeonnez-les d'un peu d'huile. Salez et poivrez, puis faites-les cuire 30 minutes au barbecue à température moyenne, en les retournant à mi-cuisson. Parsemez de sel de mer avant de servir.

galettes d'épinard et de patate douce

Pour **4 personnes**
Préparation **35 minutes**
+ infusion
Cuisson **40 minutes**

500 g de **patates douces** coupées en morceaux
125 g de feuilles d'**épinard**
4 à 5 **oignons nouveaux** coupés en tranches
125 g de **pois mange-tout** coupés en lamelles
75 g de **grains de maïs**
50 g d'**olives noires** dénoyautées, hachées
3 c. à s. de **graines de sésame**
4 c. à s. de **farine**
huile d'olive
sel et **poivre noir**
quartiers de **citron vert**
oignons nouveaux coupés en lamelles

Dip piment-coco
200 ml de **crème de coco**
2 **piments rouges** épépinés et finement hachés
1 tige de **citronnelle** coupée en tranches
3 **feuilles de combava** hachées
1 botte de **coriandre** hachée
1 c. à s. de **sauce soja claire**
2 c. à s. d'**huile de sésame**

Faites cuire les patates douces 20 minutes dans de l'eau bouillante salée. Égouttez-les puis remettez-les dans la casserole, sur feu doux, pour 1 minute, en remuant sans cesse afin que le surplus d'eau s'évapore. Écrasez-les avec une fourchette.

Mettez les épinards dans une passoire et versez une casserole d'eau bouillante dessus. Rincez-les à l'eau froide puis essorez-les. Mélangez les épinards avec les patates douces, puis ajoutez les oignons nouveaux, les pois mange-tout, le maïs et les olives. Salez et poivrez, puis laissez refroidir.

Préparez le dip. Faites chauffer la crème de coco dans une petite casserole, avec les piments, la citronnelle et les feuilles de combava, pendant 10 minutes, sans faire bouillir. Laissez infuser hors du feu.

Formez avec les mains 12 petites galettes avec la préparation aux patates douces. Mélangez les graines de sésame et la farine, et parsemez-en les galettes. Badigeonnez celles-ci d'un peu d'huile d'olive, puis faites-les cuire 4 à 5 minutes au barbecue à température moyenne à élevée. Quand une croûte s'est formée, retournez-les et faites cuire encore 4 à 5 minutes.

Incorporez la coriandre, la sauce soja et l'huile de sésame dans le dip, et répartissez-le dans des petits bols individuels. Servez avec les galettes de patate douce. Garnissez de quartiers de citron vert et de lamelles d'oignon nouveau.

bruschettas au fenouil grillé

Pour **4 personnes**
Préparation **10 minutes**
Cuisson **17 minutes**

2 gros bulbes de **fenouil** (400 g au total) parés, feuilles réservées
3 c. à s. d'**huile d'olive vierge extra**
100 g de **feta** détaillée en dés
100 g d'**olives noires** dénoyautées, coupées en deux
2 c. à s. de **persil** haché
quelques gouttes de **jus de citron**
4 tranches de **pain au levain**
2 gousses d'**ail**
50 g de **roquette**
sel et **poivre noir**

Coupez les bulbes de fenouil dans la longueur en tranches de 5 mm d'épaisseur et mettez-les dans un grand récipient. Ajoutez 1 cuillerée à soupe d'huile d'olive et remuez. Faites cuire 15 minutes au barbecue à température élevée, en retournant à mi-cuisson, jusqu'à ce que le fenouil soit tendre.

Mettez le fenouil dans un saladier et ajoutez la feta, les olives, le persil, le jus de citron, du sel et du poivre, et remuez.

Faites griller les tranches de pain au barbecue 1 minute de chaque côté. Frottez le pain des deux côtés avec les gousses d'ail et arrosez d'un peu d'huile. Recouvrez de salade de fenouil et de roquette, et arrosez du reste de l'huile avant de servir.

bruschettas aux poivrons grillés

Coupez 2 gros poivrons rouges en quartiers et épépinez-les. Badigeonnez-les d'un peu d'huile et faites-les griller au barbecue 2 à 3 minutes de chaque côté. Faites refroidir dans un sac en plastique, puis pelez-les et coupez la chair en tranches. Mélangez les poivrons avec 2 cuillerées à soupe d'huile d'olive vierge extra, 2 cuillerées à café de vinaigre balsamique, 1 gousse d'ail écrasée, 6 tomates cerises coupées en quartiers, du basilic haché, du sel et du poivre. Faites griller 4 tranches de ciabatta en suivant la recette ci-dessus et recouvrez de la préparation au poivron avant de servir.

pizzas aux tomates, pesto et olives

Pour **2 personnes**
Préparation **15 minutes**
+ levée
Cuisson **20 à 24 minutes**

huile en spray
2 c. à s. de **pesto** (voir page 158)
200 g de **tomates cerises** coupées en deux
150 g de **mozzarella** coupée en tranches
50 g d'**olives noires** dénoyautées, coupées en deux
1 poignée de **basilic**
sel et **poivre noir**

Pâte à pizza
250 g de **farine à pain blanche**
½ c. à c. de **sel**
1 c. à c. de **levure sèche active**
125 ml d'**eau chaude**
1 c. à s. d'**huile d'olive vierge extra** + un peu pour arroser les pizzas

Préparez la pâte à pizza. Tamisez la farine au-dessus d'un récipient, incorporez le sel et la levure. Formez un puits au centre et ajoutez progressivement l'eau et l'huile d'olive. Travaillez les ingrédients jusqu'à former une boule. Pétrissez la pâte sur un plan de travail fariné 8 à 10 minutes. Placez-la dans un récipient huilé, couvrez de film alimentaire et laissez lever 1 heure. Elle doit doubler de volume.

Frappez la pâte pour enlever l'air puis divisez-la en deux. Abaissez chaque moitié sur un plan de travail fariné, en un disque de 23 cm de diamètre. Vaporisez un peu d'huile sur une poêle à fond épais et disposez-y 1 disque de pâte. Étalez la moitié du pesto et garnissez de la moitié des tomates cerises, de la mozzarella et des olives, salez et poivrez, arrosez d'huile.

Mettez la poêle au barbecue à température moyenne à élevée, couvrez avec le couvercle du barbecue et faites cuire 10 à 12 minutes. Faites glisser la pizza sur une planche, garnissez de la moitié du basilic et servez chaud. Préparez la deuxième pizza.

pizzas à l'ail et au romarin

Préparez la pâte à pizza puis abaissez-la comme ci-dessus. Mélangez 2 gousses d'ail écrasées, 1 cuillerée à soupe de romarin haché, du sel, du poivre et 4 cuillerées à soupe d'huile d'olive vierge extra. Faites cuire les fonds de pizza comme ci-dessus, en les retournant à mi-cuisson. Retirez du feu et badigeonnez chaque pizza d'huile à l'ail et au romarin.

maïs au beurre au sésame et citron vert

Pour **6 personnes**
Préparation **15 minutes**
+ réfrigération
Cuisson **25 à 30 minutes**

1 c. à s. de **graines de sésame**
4 c. à s. de **beurre doux** ramolli
1 petit **piment rouge** épépiné et finement haché
le **zeste** râpé et le **jus** de ½ à 1 **citron vert** + du **zeste** en supplément pour garnir
3 petits **épis de maïs**
sel et **poivre noir**
cresson pour garnir

Faites griller à sec les graines de sésame dans une petite poêle. Laissez refroidir légèrement puis mettez-les dans un robot de cuisine, avec le beurre, le piment, le zeste et le jus de citron vert, du sel et du poivre. Mixez jusqu'à ce que les ingrédients soient bien mélangés. Mettez le beurre dans un morceau de papier d'aluminium et façonnez-le en forme de saucisse. Placez-le pour 30 minutes au réfrigérateur, puis sortez-le du papier d'aluminium et coupez-le en fines tranches.

Faites blanchir les épis de maïs pendant 5 minutes, puis coupez-les en tranches de 1 cm d'épaisseur. Placez-les sur des morceaux de papier d'aluminium en double épaisseur, recouvrez de tranches de beurre puis fermez les papillotes en serrant bien. Faites cuire 20 à 25 minutes au barbecue à température élevée, jusqu'à ce que le maïs soit tendre. Garnissez de zeste de citron vert et de cresson, et servez immédiatement avec des tranches de beurre.

beurre à la coriandre et au piment

À la place du beurre au sésame et au citron vert, **écrasez** 125 g de beurre ramolli avec 2 cuillerées à soupe de coriandre fraîche hachée, 1 piment rouge épépiné et émincé, et du poivre noir, en mélangeant bien. Enveloppez et placez au réfrigérateur comme ci-dessus. Servez en tranches avec des aliments cuits au barbecue.

pétales de pomme de terre grillées

Pour **6 personnes**
Préparation **8 minutes**
Cuisson **4 minutes**

6 grosses **pommes de terre** cuites au four et refroidies
huile en spray
150 g de **cheddar** ou de **gruyère** râpé

Dip à la crème fraîche
200 g de **crème fraîche**
1 gousse d'**ail** écrasée
1 c. à s. de **ciboulette** hachée
sel et **poivre noir**

Coupez les pommes de terre refroidies en quartiers. Prélevez la chair et réservez-la pour une autre recette. Mettez les peaux dans un récipient et vaporisez un peu d'huile dessus.

Faites cuire les peaux, côté chair vers le bas, pendant 2 minutes au barbecue, retournez-les et parsemez chacune de fromage râpé. Faites cuire encore 2 minutes, jusqu'à ce que le fromage soit fondu.

Préparez le dip. Mélangez les ingrédients dans un bol et assaisonnez selon votre goût. Servez les peaux avec le dip.

brochettes de pommes de terre nouvelles

Faites blanchir 20 petites pommes de terre à l'eau bouillante pendant 10 minutes, égouttez-les puis rafraîchissez-les à l'eau froide et séchez avec du papier absorbant. Enfilez-les sur 4 brochettes en bambou préalablement trempées dans de l'eau. Vaporisez un peu d'huile dessus et faites cuire au barbecue à température élevée pendant 5 à 6 minutes de chaque côté. Servez avec de l'aïoli (voir page 122).

salade de carottes à la marocaine

Pour **4 à 6 personnes**
Préparation **10 minutes**
Cuisson **15 à 20 minutes**

2 bottes de **carottes** parées
huile en spray
3 c. à s. de **graines de tournesol** grillées
2 c. à s. de **persil** haché

Vinaigrette
4 c. à s. d'**huile d'olive vierge extra**
2 c. à s. de **vinaigre de vin blanc**
1 gousse d'**ail** finement hachée
1 c. à c. de **sirop de grenade**
1 c. à c. de **miel liquide**
sel et **poivre noir**

Faites blanchir les carottes dans une grande casserole d'eau bouillante légèrement salée pendant 10 minutes. Égouttez-les et séchez-les avec du papier absorbant. Mettez-les dans un récipient et vaporisez un peu d'huile dessus, puis faites-les cuire 5 à 10 minutes au barbecue à température élevée, en les retournant souvent.

Mélangez les ingrédients de la vinaigrette dans un grand saladier et assaisonnez selon votre goût. Ajoutez les carottes cuites, les graines de tournesol et le persil, et remuez bien. Servez chaud.

carottes grillées au beurre à la moutarde et à la ciboulette

Faites cuire les carottes comme ci-dessus. Mélangez 50 g de beurre ramolli avec 2 cuillerées à café de moutarde à l'ancienne, 1 cuillerée à soupe de ciboulette ciselée et un peu de poivre. Enrobez les carottes de beurre et servez chaud.

brochettes de légumes et taboulé

Pour **4 personnes**
Préparation **15 minutes**
+ trempage et marinade
Cuisson **10 à 15 minutes**

1 c. à s. de **romarin** haché
2 **courgettes** coupées en rondelles épaisses
1 gros **poivron rouge** épépiné et coupé en quartiers
16 **champignons de Paris** parés
16 grosses **tomates cerises**
tzatziki du commerce ou fait maison (voir ci-contre) pour servir
sel et **poivre noir**

Taboulé
300 g de **boulgour**
4 c. à s. de **coriandre** hachée
4 c. à s. de **menthe** hachée
4 c. à s. de **persil** haché
2 **tomates** détaillées en dés
150 ml d'**huile d'olive vierge extra**
3 c. à s. de **vinaigre de vin rouge**
sel et **poivre noir**

Mettez le boulgour dans un saladier, versez assez d'eau bouillante pour le recouvrir de 5 cm et laissez tremper 20 minutes. Égouttez bien, puis incorporez la coriandre, la menthe, le persil, les tomates, 125 ml d'huile d'olive, le vinaigre, du sel et du poivre.

Mélangez le romarin avec le reste de l'huile dans un grand saladier, salez et poivrez. Ajoutez les courgettes, le poivron, les champignons et les tomates cerises, remuez bien et laissez mariner 15 minutes. Enfilez sur des brochettes en métal.

Faites cuire les brochettes au barbecue à température élevée pendant 10 à 15 minutes, en les retournant à mi-cuisson. Servez avec le taboulé et du tzatziki.

tzatziki

Râpez finement 1 concombre et essorez pour éliminer le plus d'eau possible. Incorporez-le dans 200 g de yaourt à la grecque, avec 1 gousse d'ail écrasée, 1 cuillerée à soupe de menthe hachée, un peu de sel et de poivre.

burgers aux champignons et confiture d'oignon

Pour **4 personnes**
Préparation **5 minutes**
+ refroidissement
Cuisson **30 à 40 minutes**

8 gros **champignons de Paris** parés
1 c. à s. d'**huile d'olive vierge extra**
4 petites **ciabattas**
50 g de **jeunes pousses d'épinard**
sel et **poivre noir**
aïoli (voir page 122) pour servir (facultatif)

Confiture d'oignon
4 c. à s. d'**huile d'olive vierge extra**
4 **oignons** coupés en fines tranches
4 brins de **thym** légèrement écrasés
100 g de **vergeoise**
100 ml de **vinaigre de vin rouge**
4 c. à s. de **gelée de groseille**
sel et **poivre noir**

Préparez la confiture d'oignon. Faites chauffer l'huile d'olive dans une casserole et faites-y revenir doucement les oignons et le thym, avec du sel et du poivre, pendant 20 à 25 minutes, jusqu'à ce que les oignons soient très tendres et dorés. Jetez le thym et incorporez la vergeoise, le vinaigre et la gelée de groseille. Laissez mijoter 6 à 8 minutes, jusqu'à ce que la sauce épaississe et prenne une consistance de confiture, puis laissez refroidir complètement.

Badigeonnez les champignons d'huile d'olive, salez et poivrez. Faites-les cuire 2 à 3 minutes de chaque côté au barbecue à température élevée. Faites griller les ciabattas environ 1 minute de chaque côté.

Garnissez chaque pain de 2 champignons, de quelques feuilles d'épinard, un peu de confiture d'oignon et d'aïoli. Servez immédiatement.

papillotes de champignons à l'ail

Parez 500 g de champignons de Paris et répartissez-les sur 4 grands morceaux de papier d'aluminium. Recouvrez chaque pile de champignons de 25 g de beurre, d'un peu d'ail écrasé et de 1 brin de thym, puis salez et poivrez. Enveloppez bien les champignons dans le papier d'aluminium et faites cuire 10 à 12 minutes au barbecue à température élevée. Ouvrez les papillotes avec précaution et garnissez d'un peu de persil haché et de quelques gouttes de jus de citron.

courge au piment et salade de couscous

Pour **4 à 6 personnes**
Préparation **15 minutes**
+ trempage
Cuisson **20 minutes**

1 petite **courge butternut** d'environ 1 kg
2 c. à s. d'**huile d'olive vierge extra**
1 c. à s. de **vinaigre balsamique**
1 c. à c. de **sauce au piment fort**
1 c. à c. de **miel liquide**
sel et **poivre noir**

Salade de couscous
250 g de **couscous**
250 ml de **bouillon de légumes** chaud
4 **oignons nouveaux** finement hachés
2 c. à s. de **citron confit** haché
50 g de **raisins secs**
50 g de **pignons de pin** grillés
4 c. à s. d'**herbes** hachées : **coriandre**, **menthe**, **persil**
le **jus** de ½ **citron**
sel et **poivre noir**

Coupez la courge en deux. Jetez les graines et coupez la chair en tranches de 1 cm d'épaisseur, en biais. Placez-les dans un grand récipient, avec la moitié de l'huile, un peu de sel et de poivre, et remuez pour enrober les morceaux de courge. Faites cuire environ 10 minutes de chaque côté au barbecue à température moyenne, jusqu'à ce que la courge soit tendre. Remettez-la dans le récipient et ajoutez le reste de l'huile, le vinaigre balsamique, la sauce au piment et le miel, et remuez bien.

Préparez la salade. Mettez le couscous dans un saladier et versez le bouillon dessus. Laissez tremper 10 minutes puis aérez les grains avec une fourchette. Incorporez le reste des ingrédients et assaisonnez selon votre goût. Servez la salade de couscous avec la courge.

salade de courge grillée, oignon et feta

Faites cuire la courge comme ci-dessus. Coupez 1 oignon rouge en quartiers épais, badigeonnez-les d'un peu d'huile d'olive et faites-les cuire 3 à 4 minutes de chaque côté au barbecue. Mettez la courge et l'oignon dans un saladier, ajoutez 125 g de roquette, 125 g de feta détaillée en dés, 25 g de morceaux de noix grillés, 2 cuillerées à soupe d'huile de noix, 2 cuillerées à café de vinaigre de xérès, un peu de sel et de poivre. Remuez bien puis servez.

burgers au pesto à la méditerranéenne

Pour **4 personnes**
Préparation **15 minutes**
Cuisson **4 à 6 minutes**

1 **aubergine** coupée en longues lanières de 2 mm d'épaisseur
2 **courgettes** coupées en longues lanières de 2 mm d'épaisseur
3 c. à s. d'**huile d'olive vierge extra**
4 petites **ciabattas** coupées en deux
2 **tomates** coupées en rondelles
150 g de **mozzarella de lait de bufflonne** coupée en tranches
125 g de **roquette**
sel et **poivre noir**

Pesto
50 g de **basilic**
1 gousse d'**ail** écrasée
2 c. à s. de **pignons de pin** grillés
¼ de c. à c. de **sel de mer**
6 à 8 c. à s. d'**huile d'olive vierge extra**
2 c. à s. de **parmesan** fraîchement râpé
poivre noir

Préparez le pesto. Mettez le basilic, l'ail, les pignons de pin et le sel de mer dans un mortier, et écrasez avec un pilon jusqu'à la formation d'une pâte assez homogène. Incorporez progressivement l'huile d'olive jusqu'à ce que vous obteniez la consistance souhaitée, puis ajoutez le parmesan et du poivre selon votre goût.

Badigeonnez les lanières d'aubergine et de courgette avec de l'huile, assaisonnez de sel et de poivre. Faites cuire 2 à 3 minutes de chaque côté au barbecue à température élevée, jusqu'à ce qu'elles soient tendres.

Étalez du pesto sur les pains, puis fourrez-les de légumes grillés, de tomates, de mozzarella et de roquette. Ajoutez un peu de pesto et servez chaud.

mayonnaise

Mettez 3 jaunes d'œufs, 2 cuillerées à café de vinaigre de vin blanc, 1 cuillerée à café de moutarde de Dijon, du sel et du poivre dans un récipient. Fouettez au batteur électrique jusqu'à ce que la préparation soit mousseuse. Ajoutez 300 ml d'huile d'olive en mince filet, petit à petit, en fouettant bien après chaque addition. La mayonnaise doit être épaisse et brillante. Allongez-la avec un peu d'eau bouillante si elle est trop épaisse. Utilisez dans la recette ci-dessus. Cette mayonnaise se garde au réfrigérateur jusqu'à 3 jours, couverte de film alimentaire.

salades, sauces & marinades

mesclun aux courgettes grillées

Pour **4 personnes**
Préparation **10 minutes**
Cuisson **10 minutes**

4 **courgettes** coupées en rondelles épaisses
huile d'olive
125 g de **mesclun**
1 poignée de feuilles de **menthe** coupées en morceaux
sel et **poivre noir**

Assaisonnement
25 g de **pignons de pin**
4 c. à s. d'**huile d'olive vierge extra**
2 c. à c. de **jus de citron**
1 c. à c. de **miel liquide**
sel et **poivre noir**

Badigeonnez les rondelles de courgette avec un peu d'huile d'olive puis assaisonnez-les. Faites-les cuire 2 à 3 minutes de chaque côté au barbecue à température élevée. Laissez refroidir, mettez-les dans un saladier avec le mesclun et la menthe, puis remuez bien.

Préparez l'assaisonnement. Faites dorer les pignons de pin dans une poêle, en la remuant pour qu'ils grillent uniformément. Écrasez-les dans un mortier avec un pilon. Mettez-les dans un récipient et ajoutez l'huile d'olive, le jus de citron, le miel, du sel et du poivre selon votre goût. Mélangez au fouet. Ajoutez dans la salade et remuez avant de servir.

salade au bacon et aux croûtons

Détaillez en dés 250 g de bacon fumé. Faites chauffer une poêle, ajoutez le bacon et faites-le rissoler 3 à 4 minutes, jusqu'à ce qu'il soit croustillant et que la graisse fonde. Sortez-le avec une écumoire et réservez-le. Ajoutez 2 cuillerées à soupe d'huile d'olive vierge extra dans la poêle et faites revenir doucement 125 g de pain détaillé en dés pendant 4 à 5 minutes, pour qu'il soit croustillant. Égouttez sur du papier absorbant. Mettez le bacon, le pain et 125 g de mesclun dans un saladier, arrosez d'un peu d'huile, de 1 à 2 cuillerées à café de vinaigre de vin blanc, salez et poivrez. Remuez avant de servir.

salade de poires et pecorino

Pour **4 personnes**
Préparation **10 minutes**
Cuisson **2 à 4 minutes**

4 **poires** épluchées
250 g de **roquette**
4 c. à s. d'**huile d'olive**
2 c. à s. de **vinaigre balsamique**
150 g de **pecorino**
sel et **poivre noir**

Coupez les poires en quartiers et évidez-les, puis coupez chaque quartier en deux. Enfilez les morceaux sur des brochettes en métal puis faites-les cuire au barbecue à température élevée pendant 1 à 2 minutes de chaque côté.

Mettez la roquette dans un saladier, avec l'huile d'olive, le vinaigre balsamique, du sel et du poivre. Remuez bien.

Réalisez des longs copeaux de pecorino avec un épluche-légumes et ajoutez-les dans le saladier. Dressez la salade sur 4 assiettes et recouvrez de poires grillées. Servez immédiatement.

bruschettas, poires et pecorino

Badigeonnez 4 tranches épaisses de pain au levain avec de l'huile d'olive vierge extra. Faites griller au barbecue à température élevée pendant 1 minute de chaque côté, puis frottez le pain sur toute sa surface avec 1 gousse d'ail épluchée. Préparez la salade comme ci-dessus et disposez-la sur les bruschettas, puis arrosez d'un peu d'huile.

tataki de thon, asperges et sauce asiatique

Pour **4 personnes**
Préparation **10 minutes**
Cuisson **3 minutes**

4 **filets** ou **steaks de thon** de 200 g chacun (le thon doit être très frais car l'intérieur sera dégusté cru)
2 c. à c. d'**huile de sésame**
250 g d'**asperges fines**, parées
100 g de **frisée**
sel et **poivre noir**

Sauce asiatique
1 c. à s. d'**huile de tournesol**
1 c. à s. d'**eau froide**
4 c. à c. de **vinaigre de vin de riz**
1 c. à s. de **sauce soja**
1 ½ c. à c. de **sucre en poudre**
1 c. à c. de **gingembre frais** épluché et râpé
1 c. à c. d'**huile de sésame**
sel et **poivre noir**

Badigeonnez le thon d'huile de sésame, salez et poivrez bien. Faites-le cuire au barbecue à température élevée pendant 10 secondes de chaque côté, puis passez-le sous l'eau froide pour arrêter la cuisson. Séchez en tapotant avec du papier absorbant puis réservez.

Mélangez les ingrédients de la sauce dans un bol et assaisonnez selon votre goût.

Faites blanchir les asperges à l'eau bouillante légèrement salée pendant 2 minutes. Égouttez-les, rafraîchissez-les sous l'eau froide et séchez-les avec du papier absorbant.

Dressez les feuilles de frisée et les asperges sur un grand plat. Coupez le thon en fines tranches et disposez-les sur la salade. Arrosez de sauce avant de servir.

thon à la confiture de piment

Assaisonnez légèrement 4 steaks de thon de 200 g, badigeonnez-les d'huile et faites cuire au barbecue à température élevée pendant 1 minute de chaque côté. Laissez reposer brièvement, puis servez avec de la confiture de piment (voir page 114).

salade de champignons et cresson

Pour **4 personnes**
Préparation **10 minutes**
Cuisson **22 minutes**

4 tranches de **pain de campagne**
4 gros **champignons de Paris** parés
125 g de **chèvre frais**
3 c. à s. d'**huile d'olive**
1 c. à s. de **vinaigre de cidre**
125 g de **cresson**
sel de mer et **grains de poivre variés**, concassés

Faites griller les tranches de pain 1 minute de chaque côté au barbecue à température moyenne. Réservez au chaud.

Faites cuire les champignons sur le barbecue, lamelles vers le bas, pendant 10 minutes de chaque côté.

Dressez les tranches de pain grillées sur 4 assiettes et tartinez-les de chèvre.

Préparez la salade : mélangez l'huile d'olive, le vinaigre, le cresson, du sel et du poivre dans un petit bol.

Retirez les champignons cuits du barbecue et coupez-les en tranches. Mélangez-les avec le cresson et la vinaigrette, et disposez-les sur le pain grillé. Servez immédiatement.

champignons grillés au beurre au citron et au thym

Mélangez 125 g de beurre ramolli avec 2 cuillerées à soupe de thym frais haché, le zeste râpé de 1 citron et un peu de poivre. Parez 8 gros champignons de Paris, vaporisez-les d'huile d'olive et faites cuire, côté pied vers le haut, au barbecue à température moyenne à élevée pendant 2 à 3 minutes. Retournez-les et ajoutez des morceaux de beurre, puis poursuivez la cuisson 3 à 4 minutes, jusqu'à ce que les champignons soient tendres. Servez avec 4 tranches de pain grillées.

salade de betteraves, carottes et roquette

Pour **4 personnes**
Préparation **15 minutes**
Cuisson **50 minutes à 1 h 05**

1 botte de **petites betteraves** parées
1 botte de **carottes** parées
huile en spray
1 **oignon rouge** coupé en gros quartiers
125 g de **jeunes pousses de roquette**
100 g de **noix de pécan** grillées

Vinaigrette
100 g de **chèvre frais**
4 c. à c. de **vinaigre de vin blanc**
2 c. à c. de **miel liquide**
125 ml d'**huile d'olive vierge extra**
2 à 3 c. à s. d'**eau bouillante**
sel et **poivre noir**

Mettez les betteraves dans une casserole d'eau froide, portez à ébullition et laissez mijoter 20 à 30 minutes, puis sortez-les avec une écumoire. Ajoutez les carottes dans la casserole et faites-les cuire 5 minutes. Coupez les betteraves en quartiers et enfilez-les sur 2 brochettes en métal.

Vaporisez les betteraves et les carottes avec un peu d'huile, et faites-les cuire au barbecue à température élevée pendant 8 à 10 minutes de chaque côté. Enfilez les quartiers d'oignon sur 2 brochettes en métal, vaporisez d'huile et faites cuire au barbecue 5 minutes de chaque côté.

Mettez les betteraves, les carottes et l'oignon dans un saladier, avec la roquette et les noix de pécan.

Préparez la vinaigrette. Mixez tous les ingrédients dans un robot de cuisine, jusqu'à homogénéité. Assaisonnez selon votre goût. Dressez la salade sur un plat et arrosez de vinaigrette avant de servir.

vinaigrette piquante à la moutarde

Mélangez au fouet 3 cuillerées à soupe d'huile d'olive vierge extra, 1 cuillerée à soupe de vinaigre de vin rouge, 2 cuillerées à café de moutarde à l'ancienne, 1 pincée de sucre en poudre, du sel et du poivre noir. Préparez la salade comme ci-dessus et arrosez de vinaigrette à la moutarde.

salade de pois chiches et légumes

Pour **4 personnes**
Préparation **10 minutes**
Cuisson **8 minutes**

4 **échalotes**
2 gousses d'**ail** coupées en tranches
4 gros **piments rouges** coupés en deux dans la longueur et épépinés
300 g de **pois chiches** en boîte, rincés et égouttés
1 botte de **menthe** grossièrement hachée
3 c. à s. d'**huile d'olive**
4 c. à s. de **jus de citron**
sel et **poivre noir**

Faites chauffer une poêle-gril. Coupez les échalotes en quartiers, sans aller jusqu'au bout pour que les quartiers restent attachés, et enfilez-les sur une brochette en métal. Enfilez les gousses d'ail sur une autre brochette, et les piments sur une troisième.

Placez toutes les brochettes sur un barbecue à température élevée. Faites cuire l'ail 1 minute de chaque côté, les piments 2 à 3 minutes de chaque côté et les échalotes 4 minutes de chaque côté. Placez les légumes dans un grand saladier.

Ajoutez les pois chiches, la menthe, l'huile d'olive, le jus de citron, du sel et du poivre dans le saladier avec les légumes grillés. Mélangez grossièrement puis servez.

salade de boulgour et légumes grillés

Faites cuire les légumes comme ci-dessus et préparez la sauce en doublant les quantités (mais supprimez les pois chiches). Laissez tremper 150 g de boulgour dans environ 600 ml d'eau bouillante pendant 20 minutes, puis égouttez et mélangez avec les légumes et la sauce.

salade César à l'ail fumé

Pour **4 personnes**
Préparation **10 minutes**
Cuisson **10 à 12 minutes**

2 grosses tranches de **pain au levain**
huile d'olive
4 tranches de **bacon**
2 **cœurs de laitue romaine** coupés en morceaux
12 **filets d'anchois** égouttés
2 **œufs durs** écalés et coupés en quatre

Vinaigrette
3 gousses d'**ail**
1 **jaune d'œuf**
2 c. à c. de **vinaigre de vin blanc**
4 **filets d'anchois** égouttés
75 ml d'**huile d'olive**
3 c. à s. de **parmesan** fraîchement râpé
sel et **poivre noir**

Préparez la vinaigrette. Enfilez les gousses d'ail sur une brochette en métal et faites-les cuire 6 à 8 minutes au barbecue à température moyenne. Laissez refroidir. Mettez l'ail dans un robot de cuisine, avec le reste des ingrédients, et mixez jusqu'à homogénéité. Si nécessaire, ajoutez un peu d'eau bouillante pour allonger la vinaigrette.

Badigeonnez le pain au levain d'un peu d'huile d'olive puis faites-le griller 1 minute de chaque côté. Détaillez-le en cubes et mettez-les dans un grand saladier. Faites cuire le bacon au barbecue jusqu'à ce qu'il soit croustillant, puis laissez-le refroidir et coupez-le en morceaux de la taille d'une bouchée. Ajoutez-les dans le saladier, avec les feuilles de laitue, les anchois et les œufs. Arrosez la salade de vinaigrette, remuez bien et servez.

salade César au poulet grillé

Coupez 2 filets de poulet de 250 g en deux, horizontalement, pour obtenir 4 tranches fines. Assaisonnez bien, badigeonnez d'huile et faites cuire au barbecue à température élevée 4 à 5 minutes de chaque côté. Coupez en lanières et mélangez avec la salade ci-dessus.

salade poivron-asperge

Pour **4 personnes**
Préparation **10 minutes**
Cuisson **13 minutes**

4 **poivrons rouges** coupés en quartiers, évidés et épépinés
200 g d'**asperges** parées
2 **piments rouges**
4 c. à s. d'**huile d'olive**
1 c. à s. de **vinaigre balsamique**
75 g de **parmesan**
sel et **poivre noir**

Faites cuire les quartiers de poivron et les asperges au barbecue à température élevée, 5 minutes de chaque côté, puis réservez. Faites cuire les piments pendant 3 minutes, en les retournant, puis laissez-les reposer.

Épépinez les piments rouges et coupez la chair en très fines lanières.

Dressez les légumes sur des assiettes de service. Arrosez d'huile d'olive et de vinaigre balsamique, salez et poivrez. Taillez des fins copeaux de parmesan avec un épluche-légumes et répartissez-les sur les légumes. Servez avec du pain grillé au barbecue, ou bien en accompagnement d'une volaille ou d'un poisson cuit au barbecue.

wraps poivron-asperge-chèvre

Faites cuire les poivrons, les asperges et les piments comme ci-dessus, puis coupez les piments en tranches. Répartissez les légumes cuits sur 4 tortillas de blé puis recouvrez chacune de 25 g de chèvre émietté et de 1 poignée de roquette. Roulez les tortillas puis servez.

salade de bœuf à la roquette

Pour **4 personnes**
Préparation **15 minutes**
Cuisson **8 à 10 minutes**

4 **filets de bœuf** de 200 g chacun
huile d'olive
2 c. à s. de **thym** haché
4 tranches de **pain au levain**
2 gousses d'**ail**
50 g de **cresson**
50 g de **roquette**
2 c. à s. de **câpres** égouttées
sel et **poivre noir**

Vinaigrette
3 c. à s. de **crème fraîche**
1 c. à s. de **moutarde à l'ancienne**
1 c. à c. de **vinaigre de vin blanc**
2 c. à s. de **ciboulette** ciselée
1 c. à s. d'**eau bouillante**
sel et **poivre noir**

Badigeonnez le bœuf d'huile d'olive et frottez-le avec le thym, du sel et du poivre. Faites cuire 3 à 4 minutes de chaque côté au barbecue à température moyenne. Laissez reposer les filets dans du papier d'aluminium pendant 5 minutes, puis coupez-les en tranches fines.

Préparez la vinaigrette. Fouettez la crème fraîche, la moutarde, le vinaigre et la ciboulette, puis ajoutez progressivement l'eau, du sel et du poivre, en fouettant jusqu'à ce que les ingrédients soient bien mélangés.

Faites griller les tranches de pain 1 minute de chaque côté sur le barbecue. Frottez-les avec l'ail et arrosez d'huile. Recouvrez chaque tranche de cresson, de roquette, de câpres et de tranches de bœuf, puis arrosez de vinaigrette.

filet de bœuf au pesto de noix

Mettez 50 g de noix, 25 g de cornichons égouttés, 1 gousse d'ail écrasée, 1 cuillerée à soupe de câpres égouttées, 2 cuillerées à soupe de persil haché, 6 cuillerées à soupe d'huile d'olive vierge extra, du sel et du poivre dans un robot de cuisine, et mixez jusqu'à obtention d'une consistance assez lisse. Faites cuire les tranches de bœuf comme ci-dessus, puis recouvrez-les de pesto et de salade de tomates et olives (voir page 86) avant de servir.

salade à la méditerranéenne

Pour **4 personnes**
Préparation **15 minutes**
Cuisson **10 minutes**

2 **oignons rouges**
2 gousses d'**ail**
2 **piments verts**
1 **aubergine** coupée en tranches
1 **poivron rouge**
1 **courgette** coupée en tranches dans la longueur
125 g de **couscous**
½ c. à c. de **cumin**
½ c. à c. de **paprika**
1 pincée de **flocons de piment**
5 c. à s. d'**huile d'olive**
sel et **poivre noir**

Pour garnir
1 botte de **coriandre** hachée
1 **citron** grillé et coupé en quartiers (facultatif)

Coupez les oignons rouges en quartiers, sans aller jusqu'au bout pour qu'ils restent attachés.

Enfilez les gousses d'ail et les piments sur des brochettes en métal différentes, puis faites cuire tous les légumes au barbecue à température élevée : 5 minutes de chaque côté pour l'aubergine, le poivron et les oignons rouges, 4 minutes de chaque côté pour la courgette, 2 à 3 minutes de chaque côté pour les piments et 1 minute de chaque côté pour l'ail. Mettez les légumes grillés dans un grand récipient.

Recouvrez le couscous d'eau chaude dans un saladier. Laissez reposer 5 minutes.

Pelez les piments et le poivron, puis épépinez-les. Hachez grossièrement tous les légumes et ajoutez-les dans le saladier avec le couscous. Ajoutez le cumin, le paprika, les flocons de piment, du sel et du poivre, puis remuez bien. Arrosez d'huile d'olive et garnissez de coriandre hachée et de quartiers de citron, si vous le souhaitez.

salade de légumes grillés, feta et menthe

Préparez et faites cuire tous les légumes comme ci-dessus, puis mélangez-les. Ajoutez 200 g de feta émiettée, 125 g d'olives noires dénoyautées et 1 poignée de menthe fraîche émincée. Fouettez 3 cuillerées à soupe d'huile d'olive vierge extra, le jus de ½ citron, 1 cuillerée à café de miel, ½ cuillerée à café de cumin moulu, du sel et du poivre, versez dans le saladier et remuez.

salade de légumes grillés au jambon de Parme

Pour **4 personnes**
Préparation **10 minutes**
Cuisson **18 minutes**

2 **oignons rouges**
2 **poivrons rouges** évidés, épépinés et coupés en gros morceaux
2 **courgettes** coupées en tronçons
1 **aubergine** coupée en tronçons
1 botte d'**asperges** parées
8 tranches de **jambon de Parme**
1 bouquet de **basilic** grossièrement haché
4 c. à s. d'**huile d'olive**
2 c. à s. de **vinaigre balsamique**
sel et **poivre noir**
1 brin de **basilic** pour décorer

Coupez les oignons rouges en quartiers, sans aller jusqu'au bout pour qu'ils restent attachés. Faites cuire tous les légumes au barbecue à température élevée : 5 minutes de chaque côté pour les oignons, 5 minutes côté peau uniquement pour les poivrons, 3 minutes de chaque côté pour les courgettes, 4 minutes de chaque côté pour l'aubergine et 4 minutes sur un seul côté pour les asperges. (Si vous mettez tous les légumes à cuire en même temps, retirez-les du barbecue dans cet ordre : asperges, poivrons, courgettes, aubergine, oignons.) Une fois que les légumes sont cuits, mélangez-les dans un grand saladier.

Placez les tranches de jambon de Parme sur la grille et faites cuire 4 minutes de chaque côté.

Ajoutez le basilic dans le saladier, avec l'huile d'olive, le vinaigre balsamique, du sel et du poivre. Recouvrez de jambon de Parme et décorez du brin de basilic.

filet de bœuf et salade de légumes grillés

Assaisonnez un filet de bœuf de 750 g et badigeonnez-le d'huile. Faites cuire au barbecue à température moyenne à élevée pendant 25 minutes, en retournant à mi-cuisson, puis enveloppez de papier d'aluminium et laissez reposer 10 minutes. Préparez et faites cuire les légumes comme ci-dessus, et ajoutez la vinaigrette. Supprimez le jambon de Parme. Coupez le filet de bœuf en tranches épaisses et servez avec la salade de légumes grillés.

salade chypriote au poulet et haloumi

Pour **4 personnes**
Préparation **20 minutes**
+ marinade
Cuisson **20 à 24 minutes**

3 **filets de poulet** sans peau, de 125 g chacun
1 botte d'**origan** hachée
1 c. à s. d'**huile d'olive**
250 g de **haloumi**
sel et **poivre noir**

Salade chypriote
1 **concombre** épluché, épépiné et coupé en petits tronçons dans la longueur
4 **tomates cœur-de-bœuf** épluchées, épépinées et coupées en quartiers
1 **oignon rouge** finement haché
1 botte de **persil plat** grossièrement hachée
3 c. à s. d'**huile d'olive**
1 c. à s. de **vinaigre de vin**
sel et **poivre noir**

Mettez le poulet dans un récipient. Ajoutez l'origan, l'huile d'olive, du sel et du poivre. Laissez mariner 2 heures à température ambiante.

Faites cuire le poulet au barbecue à température élevée pendant 6 à 8 minutes de chaque côté, puis coupez-le en morceaux et gardez-le au chaud.

Préparez la salade. Mettez le concombre, les quartiers de tomate, l'oignon rouge et le persil dans un saladier. Ajoutez l'huile d'olive et le vinaigre de vin, remuez bien puis assaisonnez selon votre goût.

Coupez le haloumi en 8 tranches et faites-les griller pendant 4 minutes de chaque côté, puis servez avec le poulet et la salade.

haloumi grillé au citron

Coupez 250 g de haloumi en 12 tranches. Faites-les cuire sur la plancha chaude d'un barbecue à gaz, ou une poêle-gril chaude sur un barbecue à charbon, pendant 1 minute de chaque côté. Dressez sur un plat et arrosez immédiatement du jus de ½ citron pressé et d'un peu d'huile. Parsemez de persil frais haché. Servez immédiatement.

marinade au yaourt et au citron vert

Pour **250 ml**
Préparation **5 minutes**
+ réfrigération

150 g de **yaourt nature**
2 c. à s. de **menthe** hachée
le **zeste** râpé et le **jus** de ½ **citron vert**
1 gousse d'**ail** écrasée
½ c. à c. de **cumin**
1 pincée de **sucre en poudre**
sel et **poivre noir**

Mettez tous les ingrédients dans un bol et assaisonnez selon votre goût. Couvrez le récipient et placez-le pour 1 heure au réfrigérateur afin que les saveurs se mélangent. Utilisez comme indiqué.

marinade tandoori

Mélangez 150 g de yaourt nature avec 2 gousses d'ail écrasées, 2 cuillerées à café de gingembre frais épluché et râpé, 2 cuillerées à café de pâte tandoori du commerce, 2 cuillerées à café de jus de citron, du sel et du poivre. Vous pouvez y faire mariner des cuisses de poulet désossées avant de les cuire au barbecue à température élevée.

sauce barbecue au chocolat

Pour **200 ml**
Préparation **5 minutes**
Cuisson **20 minutes**

2 c. à s. d'**huile d'olive**
1 petit **oignon** finement haché
1 gousse d'**ail** écrasée
2 c. à c. de **coriandre moulue**
1 c. à c. de **cumin moulu**
½ c. à c. de **cannelle moulue**
400 g de **tomates** en boîte, hachées
3 c. à s. de **sirop d'érable**
3 c. à s. de **vinaigre de vin rouge**
1 à 2 c. à c. de **sauce au piment fort**
15 g de **chocolat noir** haché
sel et **poivre**

Faites chauffer l'huile d'olive dans une casserole et faites-y revenir doucement l'oignon, l'ail et les épices pendant 10 minutes. Ajoutez les tomates, le sirop d'érable, le vinaigre, la sauce au piment, du sel et du poivre. Portez à ébullition. Laissez mijoter à petit feu pendant 10 minutes, ajoutez le chocolat et remuez jusqu'à ce qu'il fonde, puis laissez refroidir.

Transvasez dans un robot de cuisine et mixez jusqu'à homogénéité. Utilisez comme indiqué ou conservez dans un récipient hermétique au réfrigérateur jusqu'à 1 semaine.

sauce barbecue au piment

Mélangez 2 cuillerées à soupe de concentré de tomate avec 2 cuillerées à soupe de sauce douce au piment et 1 cuillerée à soupe de sauce soja foncée, poivrez légèrement. Vous pouvez en arroser du poulet avant de le faire cuire au barbecue à température élevée.

pâte épicée marocaine

Pour **150 ml**
Préparation **5 minutes**

1 botte de **coriandre avec les racines**, grossièrement hachée
1 botte de **persil** grossièrement hachée
125 ml d'**huile d'olive vierge extra**
2 gousses d'**ail** grossièrement hachées
2 c. à c. de **vinaigre de vin blanc**
1 c. à c. de **jus de citron**
1 c. à c. de **coriandre moulue**
1 c. à c. de **paprika**
1 c. à c. de **cumin moulu**
sel et **poivre de Cayenne**, selon votre goût

Mettez la coriandre et le persil, y compris les racines et les tiges, dans un robot de cuisine. Ajoutez le reste des ingrédients et mixez jusqu'à la formation d'une pâte homogène.

Utilisez comme indiqué ou conservez dans un récipient hermétique au réfrigérateur jusqu'à 3 jours.

pâte épicée aux herbes

Mixez 4 cuillerées à soupe d'herbes hachées, par exemple du persil, du basilic, de la menthe et de la coriandre, 2 gousses d'ail hachées, 1 gros piment vert épépiné et haché, le zeste râpé de 1 citron, 125 ml d'huile d'olive vierge extra, un peu de sel et de poivre. Vous pouvez y faire mariner du poulet ou des filets de poisson.

mélange romarin-coriandre-citron

Pour **5 c. à s.**
Préparation **5 minutes**
Cuisson **2 à 3 minutes**

2 c. à s. de **graines de coriandre**
2 c. à s. de **romarin** haché
le **zeste** râpé de 1 **citron**
sel et **poivre noir**

Faites griller à sec les graines de coriandre dans une poêle, à feu vif, pendant 2 à 3 minutes, jusqu'à ce qu'elles commencent à sauter et à diffuser leur arôme. Laissez-les refroidir puis mélangez-les avec le romarin, le zeste de citron, du sel et du poivre.

Utilisez comme indiqué ou conservez dans un récipient hermétique jusqu'à 2 semaines.

mélange fenouil-poivre

Faites griller à sec 2 cuillerées à soupe de graines de fenouil et 1 cuillerée à soupe de grains de poivre noir dans une petite poêle, à feu moyen, pendant 1 à 2 minutes, jusqu'à ce qu'ils commencent à brunir et à diffuser leur arôme. Laissez refroidir puis broyez dans un moulin à épices, jusqu'à obtention d'une consistance assez fine. Mettez dans un bol et incorporez ¼ de cuillerée à café de sel.

mélange d'épices barbecue

Pour **5 c. à s.**
Préparation **5 minutes**

1 c. à s. de **sel**
1 c. à s. de **paprika fumé**
1 c. à c. de **coriandre moulue**
2 c. à c. de **poivre noir** concassé
2 c. à c. de **moutarde en poudre**
1 c. à c. de **sucre en poudre**
¼ de c. à c. de **poivre de Cayenne**

Mélangez tous les ingrédients dans un bol, puis conservez jusqu'à 2 semaines dans un récipient hermétique, ou bien utilisez comme indiqué.

mélange d'épices façon asiatique

Broyez 4 étoiles d'anis entières, 2 cuillerées à café de grains de poivre du Sichuan, 1 cuillerée à café de graines de fenouil, 1 bâton de cannelle et 6 clous de girofle entiers. Mélangez avec 2 gousses d'ail écrasées, le zeste râpé de 2 citrons verts et 1 cuillerée à café de sel. Conservez comme ci-dessus ou utilisez comme indiqué.

huile à l'ail fumé

Pour **125 ml**
Préparation **10 minutes**
+ trempage
Cuisson **30 minutes**

1 tête d'**ail** non épluchée
250 g de copeaux d'**hickory**
125 ml d'**huile d'olive vierge extra**
sel et **poivre noir**

Faites tremper dans un récipient la tête d'ail avec les copeaux de bois, dans de l'eau froide, pendant 30 minutes, puis égouttez.

Étalez un carré de papier d'aluminium de 30 cm de côté en double épaisseur sur le plan de travail et rassemblez les copeaux d'hickory au centre. Fermez le papier pour obtenir une pochette carrée. Percez une douzaine de petits trous sur le haut.

Faites chauffer le barbecue à température moyenne et, en utilisant la méthode de cuisson indirecte (voir page 12), disposez la pochette avec les copeaux au-dessus du brûleur éteint (ou au centre d'un barbecue à charbon) et placez la tête d'ail sur la grille au-dessus d'une lèchefrite. Couvrez et faites cuire 30 minutes.

Retirez la tête d'ail, enveloppez-la de papier d'aluminium sans serrer et laissez refroidir complètement. Coupez le haut de la tête d'ail, extrayez la pulpe en pressant, puis pilez-la dans un mortier, jusqu'à obtention d'une pâte. Mettez-la dans un bocal, avec l'huile, du sel et du poivre. Utilisez comme indiqué ou conservez dans un récipient hermétique au réfrigérateur jusqu'à 3 jours.

huile au romarin

Mettez 2 brins de romarin dans une bouteille propre et sèche puis remplissez-la d'huile d'olive vierge extra. Placez dans un endroit frais, à l'abri de la lumière, pour 3 à 4 jours, puis passez l'huile au tamis au-dessus d'une bouteille propre.

huile aux agrumes, piment et thym frais

Pour **600 ml**
Préparation **5 minutes**
+ infusion

le **zeste** de 1 **citron** coupé en longues lanières fines
le **zeste** de 1 **citron vert** coupé en longues lanières fines
1 gros **piment rouge** épépiné et coupé en tranches
6 brins de **thym** écrasés
1 c. à c. de **grains de poivre noir** légèrement écrasés
600 ml d'**huile d'olive vierge extra**
sel

Mettez les zestes de citron et de citron vert dans un récipient et ajoutez le piment, le thym, les grains de poivre et un peu de sel. Versez l'huile d'olive, couvrez et laissez infuser dans un endroit frais, à l'abri de la lumière, pendant 3 à 4 jours.

Passez l'huile dans un tamis fin au-dessus d'une bouteille et utilisez comme indiqué.

sauce piri-piri

Versez 600 ml d'huile d'olive vierge extra dans une bouteille, ajoutez 2 cuillerées à soupe de flocons de piment et 1 pincée de sel. Laissez infuser pendant 3 jours, puis utilisez comme indiqué, en laissant les flocons de piment dans l'huile.

desserts

mangue grillée et sorbet à la fraise

Pour **6 personnes**
Préparation **10 minutes**
+ congélation
Cuisson **4 à 6 minutes**

125 g de **sucre cristallisé**
300 ml d'**eau**
le **zeste** râpé et le **jus** de 1 **citron**
75 ml de **rhum blanc**
500 g de **fraises** équeutées
3 grosses **mangues mûres**
2 c. à s. de **vergeoise**
½ c. à c. de **cinq-épices**

Mettez le sucre cristallisé, l'eau, le zeste et le jus de citron dans une casserole, et faites chauffer doucement jusqu'à ce que le sucre soit dissous, puis laissez bouillir 3 minutes. Retirez du feu et incorporez le rhum, puis laissez refroidir.

Mixez les fraises dans un robot, avec le sirop refroidi, jusqu'à ce que le mélange soit homogène. Transvasez dans une boîte en plastique et placez au congélateur. Battez le mélange avec une fourchette au bout de 1 heure, puis toutes les 30 minutes, jusqu'à obtention de la consistance d'un sorbet. Vous pouvez aussi mettre la préparation à turbiner dans une sorbetière jusqu'à ce qu'elle prenne. Placez au congélateur jusqu'à emploi.

Coupez les mangues de chaque côté du noyau, puis coupez chaque morceau en deux. Mélangez la vergeoise et le cinq-épices, et saupoudrez-en légèrement les morceaux de mangue. Faites-les cuire 2 à 3 minutes de chaque côté au barbecue à température moyenne. Servez avec le sorbet à la fraise et de la sauce au yaourt et à la vanille (voir ci-dessous).

sauce express au yaourt et à la vanille

Mélangez 200 g de yaourt à la grecque avec 4 cuillerées à soupe de vergeoise et ½ cuillerée à café d'extrait de vanille.

mousse glacée à la fraise et au miel

Pour **6 personnes**
Préparation **30 minutes**
+ congélation
Cuisson **2 minutes**

3 c. à c. de **gélatine en poudre** ou 1 sachet
3 c. à s. d'**eau**
400 g de **fraises** équeutées + quelques-unes coupées en deux pour décorer (facultatif)
6 c. à c. de **miel crémeux**
300 g de **fromage frais** sans matières grasses
2 **fruits de la passion** coupés en deux

Faites tremper la gélatine 5 minutes dans l'eau, dans une petite tasse.

Mixez la moitié des fraises avec 2 cuillerées à café de miel dans un robot, puis versez dans un pichet.

Faire chauffer la gélatine au bain-marie, jusqu'à ce qu'elle soit dissoute et transparente.

Incorporez 3 cuillerées à café de gélatine dans la purée de fraise. Versez la purée dans 6 petits moules individuels en métal d'une contenance de 150 ml. Faites prendre 15 minutes au congélateur.

Mixez le reste des fraises avec le reste du miel. Ajoutez le fromage frais et mélangez. Incorporez progressivement le reste de la gélatine et répartissez dans les moules. Faites prendre 4 à 5 heures au congélateur.

Plongez chaque moule dans de l'eau qui vient de bouillir, comptez jusqu'à 5, détachez les bords avec le bout des doigts puis retournez chaque moule sur une assiette. Démoulez d'un coup sec. Décorez l'assiette de graines de fruit de la passion et de moitiés de fraises.

brochettes de fraises à la sauce au chocolat

Préparez une sauce au chocolat (voir page 208). Enfilez 20 grosses fraises sur des brochettes en bambou préalablement trempées dans de l'eau, saupoudrez d'un peu de sucre glace et faites cuire 2 minutes au barbecue à température élevée. Servez avec la sauce au chocolat.

omelette soufflée aux fraises

Pour **4 personnes**
Préparation **15 minutes**
Cuisson **8 à 10 minutes**

375 g de **fraises** équeutées, coupées en tranches épaisses + quelques-unes pour décorer
2 c. à s. de **gelée de groseille**
2 c. à c. de **vinaigre balsamique**
5 **œufs**, blancs et jaunes séparés
4 c. à s. de **sucre glace** tamisé
25 g de **beurre**

Faites chauffer les tranches de fraise, la gelée de groseille et le vinaigre dans une casserole, jusqu'à ce que la gelée soit juste fondue.

Montez les blancs d'œufs en neige, jusqu'à la formation de pics fermes et brillants. Mélangez les jaunes d'œufs avec 1 cuillerée à soupe de sucre glace, puis incorporez dans les blancs en neige.

Faites chauffer le beurre dans une grande poêle, versez la préparation aux œufs et faites cuire au barbecue à température moyenne pendant 3 à 4 minutes, jusqu'à ce que le dessous soit doré. Mettez rapidement la poêle sous un gril chaud, en éloignant le manche de la chaleur, et faites cuire 2 à 3 minutes, jusqu'à ce que le dessus de l'omelette soit bruni et le centre encore légèrement mou.

Disposez la préparation à la fraise chaude sur l'omelette, pliez en deux et saupoudrez du reste du sucre glace. Coupez en quatre et servez immédiatement, avec les fraises supplémentaires.

omelette soufflée à la cerise et glace à la cannelle

Préparez l'omelette comme ci-dessus. Passez au tamis 250 g de griottes dénoyautées en boîte ou en bocal et servez-les avec l'omelette et 1 cuillerée de glace à la cannelle.

croque-monsieur chocolat-banane

Pour **4 personnes**
Préparation **5 minutes**
Cuisson **2 à 4 minutes**

8 tranches de **pain de mie** sans la croûte
75 g de **chocolat noir** cassé en petits morceaux
1 grosse **banane** coupée en rondelles
50 g de **Chamallows** coupés en petits morceaux
huile en spray

Placez la moitié des tranches de pain sur le plan de travail et recouvrez chacune de chocolat, de banane et de Chamallows. Recouvrez avec les tranches de pain restantes.

Vaporisez d'huile et faites cuire sur la plancha d'un barbecue à gaz ou sur une grille au-dessus de charbon de bois pendant 1 à 2 minutes. Vaporisez le dessus d'un peu d'huile, retournez les toasts et poursuivez la cuisson 1 à 2 minutes, jusqu'à ce qu'ils soient dorés. Servez avec de la glace à la vanille, si vous le souhaitez.

Chamallows grillés à la sauce au chocolat

Mélangez 175 ml de crème liquide, 150 g de chocolat noir en morceaux et 15 g de beurre dans un récipient au-dessus d'une casserole d'eau légèrement frémissante (le récipient ne doit pas toucher l'eau). Remuez souvent, jusqu'à ce que le chocolat fonde et que le mélange soit lisse. Retirez du feu et laissez refroidir légèrement. Enfilez des Chamallows sur des brochettes en métal et faites-les cuire au barbecue à température élevée (en veillant à ce qu'ils ne touchent pas la grille).
Servez avec la sauce au chocolat.

salade de fruits grillés

Pour **4 personnes**
Préparation **15 minutes**
Cuisson **8 minutes**

1 petit **ananas**
1 **mangue**
1 **nectarine** coupée en quartiers et dénoyautée
1 **pêche** coupée en quartiers et dénoyautée
2 **abricots** coupés en deux, ou en quatre s'ils sont gros, et dénoyautés
4 c. à s. de **yaourt à la grecque**
miel liquide
quelques **graines de cardamome** (facultatif)

Équeutez l'ananas et posez-le, sur une extrémité, sur une planche à découper. Coupez la peau de haut en bas avec un couteau tranchant. Détaillez la chair en gros morceaux. (Si l'ananas est petit, le cœur est généralement sucré et assez tendre pour être mangé.)

Épluchez la mangue et coupez-la en tranches de chaque côté du noyau. Faites cuire au barbecue les morceaux de mangue et d'ananas pendant 4 minutes de chaque côté, et les morceaux de nectarine, de pêche et d'abricot, 3 minutes de chaque côté. Si vous le souhaitez, enfilez les morceaux de fruits sur des brochettes en métal avant de les cuire.

Disposez les fruits grillés dans des assiettes individuelles. Déposez 1 cuillerée à soupe de yaourt à la grecque sur chacune, arrosez de miel liquide et parsemez de graines de cardamome si vous le souhaitez, ou recouvrez de cuillerées de yaourt à la vergeoise et à la cannelle (voir ci-dessous).

yaourt à la vergeoise et à la cannelle

Mélangez dans un bol 200 g de yaourt à la grecque avec 1 cuillerée à soupe de vergeoise et 1 cuillerée à café de cannelle moulue.

glace au citron et au miel

Pour **4 à 6 personnes**
Préparation **20 à 25 minutes**
+ refroidissement
et congélation
Cuisson **2 minutes**

4 gros **citrons** ou 6 moyens
environ 4 c. à s. d'**eau**
2 c. à s. de **miel liquide**
50 g de **sucre en poudre**
1 feuille de **laurier**
ou 1 brin de **mélisse**
475 ml de **yaourt nature**
ou de **fromage frais**
lanières de **zeste de citron**
pour décorer

Coupez le haut de chaque citron. Videz avec précaution toute la pulpe et le jus, avec une cuillère à café. Jetez les peaux et les pépins, puis mixez la pulpe et le jus dans un robot de cuisine. Vous aurez besoin de 150 ml. Complétez avec un peu d'eau si vous en manquez.

Mettez l'eau, le miel, le sucre et la feuille de laurier dans une casserole. Remuez sur feu doux jusqu'à ce que le sucre soit dissous, puis laissez refroidir. Mélangez la préparation avec les citrons mixés et le yaourt. Ne retirez pas encore le laurier.

Versez dans un récipient peu profond et laissez au congélateur jusqu'à ce que la préparation commence à prendre, puis remuez doucement avec une fourchette et retirez le laurier. Remettez la glace au congélateur pour 6 heures.

Placez la glace au réfrigérateur pour 20 minutes environ avant de la servir. Servez-la dans des bols, et décorez de zeste de citron.

glace à la fraise et au yaourt

Lavez et séchez 500 g de fraises. Mixez-les dans un robot, avec 2 cuillerées à soupe de miel, 1 cuillerée à café de jus de citron et quelques gouttes d'extrait de vanille, jusqu'à obtention d'une consistance lisse. Incorporez 600 ml de yaourt à la grecque et placez au congélateur pour 6 heures, en fouettant toutes les heures, jusqu'à ce que la glace soit prise.

bananes grillées et glace à l'érable

Pour **4 personnes**
Préparation **5 minutes**
+ infusion et congélation
Cuisson **10 minutes**

4 grosses **bananes**

Glace
500 ml de **lait**
250 ml de **crème liquide entière**
2 **étoiles d'anis** légèrement écrasées
5 **jaunes d'œufs**
125 ml de **sirop d'érable**

Préparez la glace. Mettez le lait, la crème liquide et l'anis dans une casserole, faites chauffer jusqu'à ébullition, puis retirez du feu et laissez infuser 20 minutes.

Battez les jaunes d'œufs et le sirop d'érable, ajoutez le lait infusé passé au tamis, puis remettez le tout dans la casserole. Faites chauffer doucement, en remuant jusqu'à ce que la crème épaississe (elle doit napper le dos d'une cuillère en bois). Ne laissez pas bouillir. Laissez refroidir la crème puis faites-la prendre dans une sorbetière, en suivant les instructions du fabricant.

Faites cuire les bananes entières non épluchées sur le barbecue pendant 4 à 5 minutes, en les retournant à mi-cuisson, jusqu'à ce que la peau noircisse. Épluchez-les et servez-les chacune avec 1 boule de glace.

bananes grillées au chocolat

Faites cuire les bananes comme ci-dessus, en incisant la peau au bout de 3 minutes. Placez 2 carrés de chocolat noir, au lait ou blanc dans les bananes et faites cuire encore 1 à 2 minutes, jusqu'à ce que le chocolat soit fondu.

cheese-cake à la framboise

Pour **6 à 8 personnes**
Préparation **20 minutes**
+ réfrigération
Cuisson **5 minutes**

50 g de **beurre** fondu
125 g de **digestives biscuits** écrasés
3 c. à c. de **gélatine en poudre** ou 1 sachet
3 c. à s. de **jus d'orange**
375 g de **fromage frais**
50 g de **sucre en poudre**
3 **œufs**, blancs et jaunes séparés
300 ml de **crème liquide entière**

Pour décorer
4 c. à s. de **crème liquide entière** fouettée
250 g de **framboises**

Mélangez le beurre avec les biscuits. Tassez le mélange au fond d'un moule à gâteau cannelé de 20 cm de diamètre, huilé. Placez pour 20 minutes au réfrigérateur.

Faites tremper la gélatine dans le jus d'orange 5 minutes, dans une petite casserole. Faites chauffer doucement, jusqu'à ce que la gélatine soit dissoute et transparente.

Battez le fromage frais et le sucre dans un récipient. Quand le mélange est homogène, incorporez les jaunes d'œufs sans cesser de battre. Ajoutez 2 cuillerées à soupe du mélange dans la préparation à la gélatine, puis remettez le tout dans le récipient. Fouettez la crème jusqu'à ce qu'elle soit ferme et incorporez-la dans la préparation au fromage frais. Montez les blancs d'œufs en neige ferme. Incorporez-en d'abord 2 cuillerées à soupe dans la préparation au fromage frais, puis le reste.

Répartissez la préparation sur la base de biscuits et lissez la surface. Faites prendre 1 heure à 1 h 30 au réfrigérateur. Faites une bordure de crème fouettée à l'aide d'une poche à douille et répartissez les framboises.

cheese-cake au citron et au gingembre

Préparez la croûte de biscuits avec 125 g de biscuits au gingembre, remplacez le jus d'orange par du jus de citron et ajoutez 2 cuillerées à café de zeste de citron dans le mélange de fromage frais, de sucre et de jaunes d'œufs. Servez avec de la crème fouettée et des myrtilles fraîches.

ananas grillé au granité

Pour **6 personnes**
Préparation **10 minutes**
+ congélation
Cuisson **12 à 14 minutes**

1 **ananas** de 750 g
75 g **de sucre de palme** ou de **vergeoise**

Granité au citron vert et à la menthe
250 g de **sucre cristallisé**
500 ml d'**eau froide**
4 lanières de **zeste de citron vert**
4 grands brins de **menthe** écrasés
250 ml de **jus de citron vert** (environ 6 gros citrons verts)
50 ml de **vodka**

Préparez le granité. Faites chauffer le sucre, l'eau et le zeste de citron vert dans une casserole sur feu doux pour dissoudre le sucre, puis portez à ébullition. Laissez mijoter 5 minutes, retirez du feu et incorporez la menthe. Laissez refroidir puis passez au tamis.

Mélangez le jus de citron vert et la vodka avec le sirop de sucre, et transvasez dans un récipient. Placez au congélateur pour 4 heures.

Sortez la glace du congélateur pour 15 minutes pour qu'elle ramollisse, puis transvasez-la dans un robot de cuisine et mixez 30 secondes. Remettez au congélateur si nécessaire.

Posez l'ananas équeuté, sur une extrémité, sur une planche à découper. Coupez la peau de haut en bas avec un couteau tranchant. Coupez l'ananas en quatre et évidez-le, puis détaillez la chair en quartiers. Enfilez-les sur 6 brochettes en métal, plongez-les dans le sucre et faites-les dorer 2 à 3 minutes de chaque côté au barbecue à température moyenne. Laissez refroidir légèrement et servez avec le granité.

brochettes d'ananas grillé

Préparez l'ananas comme ci-dessus, mais coupez les quartiers en morceaux. Enfilez-les sur des brochettes en bambou préalablement trempées dans de l'eau, saupoudrez d'un peu de sucre roux et faites cuire comme ci-dessus. Servez avec du yaourt à la grecque parfumé de miel liquide et de quelques gouttes de jus de citron.

glace et fraises grillées

Pour **4 personnes**
Préparation **5 minutes**
+ trempage
Cuisson **3 à 4 minutes**

500 g de **fraises** lavées mais non équeutées
500 ml de **glace** en pot de très bonne qualité (vanille, fraise, chocolat, etc.)

Laissez tremper 8 brochettes en bambou dans de l'eau froide pendant 30 minutes. Enfilez les fraises sur les brochettes et faites-les cuire 3 à 4 minutes au barbecue à température élevée, en les retournant souvent.

Dressez des boules de glace dans 4 coupes. Disposez les fraises grillées dessus et servez.

glace et figues grillées

Coupez 8 grosses figues juste mûres en deux et saupoudrez-les légèrement de sucre glace. Faites cuire 2 à 3 minutes au barbecue à température élevée, en les retournant à mi-cuisson, jusqu'à ce qu'elles soient tendres, puis servez avec de la glace à la noisette ou à la cannelle.

pancakes fourrés à la crème citronnée

Pour **2 personnes**
Préparation **6 minutes**
Cuisson **2 à 4 minutes**

60 ml de **crème liquide entière**
30 g de **caramels** coupés en petits morceaux
1 c. à c. de **zeste de citron** finement râpé
65 g de **zeste de citron confit** finement haché (facultatif)
150 ml de **lemon curd**
6 **pancakes**
myrtilles pour garnir

Mettez la crème, les caramels, le zeste de citron, le zeste confit si vous en utilisez et le lemon curd dans un récipient, et mélangez bien. Étalez 1 cuillerée de crème au citron sur 1 pancake, recouvrez d'un deuxième pancake et d'une autre cuillerée de crème au citron, puis finissez par un troisième pancake. Répétez l'opération pour obtenir 2 pancakes fourrés.

Faites cuire les pancakes fourrés au barbecue à température moyenne à élevée pendant 1 à 2 minutes, puis retournez-les et faites cuire la même durée de l'autre côté. Les pancakes extérieurs doivent être grillés et la crème au citron doit commencer à couler sur les côtés. Servez immédiatement, décoré de quelques myrtilles.

bruschettas sucrées à la crème citronnée

Préparez la crème comme ci-dessus. Faites griller légèrement 2 tranches de brioche ou de pain aux raisins secs sur le barbecue, recouvrez de 1 cuillerée de crème de citron, garnissez de fruits rouges frais et saupoudrez de sucre glace.

papillotes de fruits et sauce caramel

Pour **4 personnes**
Préparation **10 minutes**
Cuisson **15 minutes**

6 **figues** coupées en quatre
2 **pêches** dénoyautées et coupées en quatre
175 g de **myrtilles**

Sauce caramel
50 g de **beurre doux**
175 g de **vergeoise**
2 c. à s. de **golden syrup**
75 ml de **crème liquide entière**
quelques gouttes d'**extrait de vanille**

Préparez la sauce caramel. Faites fondre le beurre dans une petite casserole sur feu moyen, ajoutez la vergeoise et le golden syrup, et faites cuire doucement jusqu'à ce que le sucre soit dissous. Incorporez la crème liquide et la vanille, et portez lentement à ébullition. Retirez du feu et laissez reposer pendant la cuisson des papillotes.

Placez 4 morceaux de papier d'aluminium sur le plan de travail et répartissez les fruits au milieu. Fermez les papillotes, puis faites cuire au barbecue à basse température pendant 8 à 10 minutes. Ouvrez les papillotes avec précaution et arrosez les fruits de sauce caramel avant de servir.

figues grillées à la crème à l'amaretto

Coupez 6 figues juste mûres en deux et saupoudrez les côtés coupés d'un peu de vergeoise. Faites cuire au barbecue à température moyenne, côté coupé vers le bas, pendant 3 à 4 minutes. Fouettez légèrement 150 ml de crème liquide entière avec 1 cuillerée à soupe de sucre glace et 1 cuillerée à soupe d'amaretto, jusqu'à ce que le mélange soit juste ferme. Servez avec les figues.

tuiles garnies de fruits

Pour **6 personnes**
Préparation **45 minutes**
Cuisson **15 minutes**

1 grosse **mangue**
150 g de **framboises**
100 g de **myrtilles**
200 g de **yaourt nature**
sucre glace tamisé pour décorer

Tuiles
2 **blancs d'œufs**
50 g de **sucre en poudre**
3 c. à s. d'**huile de tournesol**
quelques gouttes d'**extrait de vanille**
40 g de **farine**

Tapissez 3 plaques de four de papier sulfurisé. Battez légèrement les blancs d'œufs avec une fourchette. Ajoutez le sucre, l'huile et la vanille, et mélangez.

Incorporez la farine tamisée. Répartissez la préparation en 6 tas sur les 3 plaques et étalez-les pour former des disques de 12 cm de diamètre.

Placez une des plaques dans un four préchauffé à 190 °C, pour 5 minutes. Les biscuits doivent être dorés au centre et un peu plus foncés sur les bords. Sortez-les du four et laissez-les reposer 30 secondes. Répétez l'opération avec les 2 autres plaques.

Placez rapidement les biscuits cuits sur des grosses oranges et recourbez les bords. Laissez prendre quelques minutes, puis décollez-les et retournez-les sur une grille.

Coupez la mangue en deux puis détachez la chair du noyau. Épluchez puis coupez la chair en tranches. Mélangez avec les framboises et les myrtilles. Garnissez les tuiles de yaourt et de fruits. Dressez sur les assiettes, saupoudrez de sucre glace et servez avec un coulis aux fruits de la passion (voir ci-dessous).

coulis aux fruits de la passion

Faites chauffer dans une casserole 100 g de sucre en poudre et 100 ml d'eau, en remuant sur feu doux jusqu'à ce que le sucre soit dissous. Ajoutez 75 ml de pulpe de fruit de la passion (environ 6 fruits), portez à ébullition et laissez mijoter 10 minutes. Laissez refroidir et servez.

toasts framboises-mascarpone

Pour **4 personnes**
Préparation **5 minutes**
Cuisson **1 à 2 minutes**

4 tranches de **brioche** ou de **pain aux raisins secs**
250 g de **framboises**

Mascarpone à la vanille
250 g de **mascarpone**
2 c. à s. de **crème liquide**
les **graines** de 1 **gousse de vanille**
1 à 2 c. à s. de **sucre glace** + un peu pour décorer

Préparez le mascarpone à la vanille. Mélangez le mascarpone, la crème liquide, les graines de vanille et le sucre glace jusqu'à homogénéité – ne battez pas trop longtemps.

Faites griller les tranches de brioche au barbecue à température moyenne pendant 30 secondes de chaque côté. Recouvrez de framboises et de mascarpone à la vanille, et saupoudrez de sucre glace.

toasts aux pêches grillées

Coupez 6 pêches en deux et dénoyautez-les. Saupoudrez-les d'un peu de sucre glace et faites-les cuire au barbecue à température moyenne pendant 1 à 2 minutes de chaque côté. Mélangez 250 g de mascarpone avec 2 cuillerées à soupe de crème liquide, 1 cuillerée à café d'arôme d'amande et 1 pincée d'un mélange de cannelle, de muscade et de poivre de la Jamaïque. Faites griller des tranches de brioche comme ci-dessus et servez avec les pêches et le mascarpone.

gâteau roulé aux fruits rouges

Pour **8 personnes**
Préparation **30 minutes**
Cuisson **20 minutes**

4 **œufs**
125 g de **sucre en poudre** + un peu pour saupoudrer
le **zeste** râpé de 1 **citron**
125 g de **farine**

Garniture
250 g de **fromage frais**
125 g de **fromage blanc**
1 c. à s. de **sucre en poudre**
125 g de **myrtilles**
150 g de **framboises**

Tapissez le fond et les côtés d'un moule rectangulaire de 30 x 23 cm de papier sulfurisé. Mettez les œufs, le sucre et le zeste de citron dans un saladier au-dessus d'une casserole d'eau frémissante. Battez le mélange au batteur électrique pendant 10 minutes, jusqu'à ce que la préparation épaississe et que le fouet laisse une trace quand on le soulève.

Retirez le saladier de la casserole, tamisez la farine au-dessus puis incorporez-la doucement. Versez la préparation dans le moule. Faites cuire 8 à 10 minutes dans un four préchauffé à 200 °C, jusqu'à ce que le gâteau reprenne sa forme quand on le touche du doigt.

Mettez un morceau de papier sulfurisé (de la même taille que le moule) sur le plan de travail et saupoudrez-le de sucre. Démoulez rapidement le gâteau dessus, jetez le papier de cuisson puis couvrez le gâteau d'une autre feuille de papier. Roulez le gâteau sans serrer, en commençant par le bord étroit le plus proche de vous. Laissez refroidir.

Déroulez le gâteau et retirez le papier au centre. Mélangez le fromage frais et le fromage blanc avec le sucre, puis étalez sur le gâteau. Parsemez de fruits rouges (gardez-en quelques-uns pour la décoration), puis roulez à nouveau le gâteau, en vous aidant du papier recouvert de sucre (attention à ne pas rouler le papier à l'intérieur du gâteau). Dressez sur un plat de service. Décorez avec le reste des fruits et coupez en tranches épaisses avant de servir.

bananes grillées, glace à la vanille et sauce aux fruits

Pour **4 personnes**
Préparation **10 minutes**
Cuisson **25 minutes**

200 g de **pêches séchées** ou d'**abricots secs**
200 ml de **jus d'ananas**
1 c. à c. de **cannelle moulue**
4 **bananes**
glace à la vanille

Mettez les pêches ou les abricots, le jus d'ananas et la cannelle dans une casserole et portez à ébullition. Baissez le feu et laissez mijoter 10 minutes pour attendrir les fruits. Laissez refroidir légèrement puis placez dans un robot de cuisine et mixez jusqu'à homogénéité.

Faites cuire les bananes entières, avec la peau, au barbecue à température élevée pendant 4 à 5 minutes, en les retournant à mi-cuisson, jusqu'à ce que la peau noircisse.

Épluchez les bananes. Servez-les avec des boules de glace à la vanille et des cuillerées de sauce.

sauce au sirop d'érable, au caramel et aux noix de pécan

Faites chauffer 75 g de beurre doux, 75 ml de sirop d'érable et 75 ml de crème liquide entière dans une petite casserole, à feu doux, jusqu'à ce que le beurre soit fondu. Laissez mijoter 5 minutes jusqu'à épaississement, puis incorporez 75 g de noix de pécan. Laissez mijoter encore 1 minute, puis laissez refroidir un peu. Servez tiède.

annexe

table des recettes

apéros & entrées

steaks & ribs

brochettes, burgers & hot dogs

poissons & fruits de mer

plats végétariens

salades, sauces & marinades

desserts

découvrez toute la collection
MA PETITE CUISINE MARABOUT

100 desserts de Mamie
100 gâteaux et desserts en 5 ingrédients
100 recettes de cupcakes
100 recettes de macarons
100 recettes de mugcakes
100 recettes de tradition
100 recettes de verrines
100 recettes italiennes en 5 ingrédients
100 recettes light en 5 ingrédients
100 recettes végétariennes en 5 ingrédients
200 recettes à moins de 5 euros
200 recettes au barbecue
200 recettes au chocolat
200 recettes au wok
200 recettes chinoises
200 recettes de cocktails
200 recettes de New York
200 recettes de papillotes
200 recettes de salades
200 recettes en moins de 20 minutes
200 recettes pour l'apéro
200 recettes régime 5:2
200 recettes sans gluten
200 super smoothies